Auch die Engländer und Amerikaner verstehen unter «Fabeln» in erster Linie solche Geschichten, in denen Tiere stellvertretend für Menschen – für Menschen-Typen – handeln und sprechen, wodurch den Menschen – eben «denen» – plastisch und drastisch die Wahrheit gesagt werden kann. Aber der Begriff der Fabel ist im Englischen noch etwas weiter gefaßt: Einbezogen sind auch Tiergeschichten ohne erklärte Moral – und Menschengeschichten mit erklärter oder deutlich demonstierter Moral. Demgemäß enthält dieses Taschenbuch eine sehr bunte Vielfalt von Gestalten. Es ist ein Lesebüchlein aus mehr als dreihundert Jahren (aus John Drydens Vorlage, den Canterbury Tales von Chaucer, grüßt sogar das Mittelalter herüber) – in Vers und Prosa, vergnüglich und nachdenklich machend, klug und anti-klug, in seinem Wechsel von konservativ und alternativ stets aufs neue überraschend... Den englischen Originaltexten ist in Paralleldruck eine deutsche Übersetzung gegenübergestellt.

dtv zweisprachig · Edition Langewiesche-Brandt

English and American Fables
Englische und amerikanische Fabeln

Herausgegeben und übersetzt
von Harald Raykowski
in Zusammenarbeit mit Inge Kämmerer
und Beatrice Pullmann

Mit Illustrationen von Frieda Wiegand

dtv

Deutscher Taschenbuch Verlag

München, Dezember 1986. Originalausgabe
Umschlaggestaltung: Celestino Piatti
Gesamtherstellung: Kösel, Kempten
ISBN 3-423-09233-x. Printed in Germany

THOMAS CARLYLE

Hen, Poodle, Scullion

"It is I that support this household," said a hen one day to herself; "the master cannot breakfast without an egg, for he is dyspeptical and would die, and it is I that lay it. And here is this ugly poodle, doing nothing earthly, and gets thrice the victual I do, and is caressed all day! By the Cock of Minerva, they shall give me a double portion of oats, or they have eaten their last egg!"

But much as she cackled and creaked, the scullion would not give her an extra grain; whereupon, in dudgeon, she hid her next egg in the dunghill, and did nothing but cackle and creak all day. The scullion suffered her for a week, then (by order) drew her neck, and purchased other eggs at sixpence the dozen.

Man! why frettest thou and whinest thou? This blockhead is happier than thou, and still a blockhead? – Ah, sure enough, thy wages are too low! Wilt thou strike work with Providence, then, and force him to 'an alternative'? Believe it, he will do without thee: il n'y a point d'homme nécessaire.

Larchtree and Oak

"What is the use of thee, thou gnarled sapling?" said a young larchtree to a young oak. "I grow three feet in a year, thou scarcely as many inches, I am straight and taper as a reed, thou straggling and twisted as a loosened withe." – "And thy duration,"

Henne, Pudel, Küchenjunge

«Ich bin es, die diesen Haushalt ernährt», sprach eine Henne eines Tages zu sich. «Der Hausherr muß zum Frühstück ein Ei haben, denn er ist magenkrank und würde sonst sterben, und ich bin es, die dieses Ei legt. Und da ist nun dieser häßliche Pudel, der nie etwas tut, aber dreimal soviel zu fressen bekommt wie ich und den ganzen Tag gehätschelt wird. Beim Hahn der Minerva, sie sollen mir künftig die doppelte Menge Hafer geben, oder sie haben ihr letztes Ei verzehrt!» Doch so sehr das Huhn auch gackerte und zeterte, der Küchenjunge wollte ihm kein einziges Körnchen mehr geben, worauf es in seinem Zorn sein nächstes Ei im Misthaufen versteckte und den ganzen Tag nur gackerte und zeterte. Der Küchenjunge sah das eine Woche lang mit an, drehte dann dem Huhn, wie man ihn geheißen, den Hals um und kaufte die Eier anderswo für sechs Pence das Dutzend.

Was schimpfst und jammerst du, Mensch? Weil dieser Dummkopf glücklicher als du und dabei doch nur ein Dummkopf ist? Ja, gewiß, dein Lohn ist zu gering. Willst du also der Vorsehung die Arbeit verweigern, um sie zu einem besseren Angebot zu zwingen? Glaube mir, sie wird auch ohne dich zurechtkommen: il n'y a point d'homme nécessaire.

Lärche und Eiche

«Wozu taugst du schon, du krummes, kleines Ding?» sagte eine junge Lärche zu einem jungen Eichenbaum. «Ich wachse im Jahr um drei Fuß, du dagegen kaum um ebensoviele Zoll. Ich bin gerade und schlank wie ein Schilfrohr, du aber schwankst und biegst dich wie eine losgelassene Weiden-

answered the oak, "is some third part of man's life, and I am appointed to flourish for a thousand years.

Thou art felled and sawed into paling, where thou rottest and art burned after a single summer; of me are fashioned battleships, and I carry mariners and heroes into unknown seas."

The richer a nature, the harder and slower its development. Two boys were once of a class in the Edinburgh grammar-school: John ever trim, precise and dux; Walter ever slovenly, confused and dolt. In due time John became Bailie John of Hunter-square, and Walter became Sir Walter Scott of the Universe.

The quickest and completest of all vegetables is the cabbage.

rute.» – «Und deine Lebenserwartung», erwiderte die Eiche, «beträgt etwa ein Drittel eines Menschenlebens, während es mir beschieden ist, tausend Jahre zu gedeihen. Du wirst gefällt und zu Zaunlatten zersägt, und dann verrottest du und wirst schon nach einem Sommer verbrannt. Aus mir dagegen werden Schlachtschiffe gefertigt, und ich trage Seeleute und Helden in unbekannte Meere.»

Je wertvoller etwas ist, umso härter und langsamer seine Entwicklung. Es gingen einmal zwei Jungen in dieselbe Klasse einer höheren Schule in Edinburgh. John war immer sauber, korrekt und der Primus, Walter immer nachlässig, wirr und ein Tölpel. Aus John wurde später Stadtrat John, am Hunter Square zuhause, aber aus Walter wurde Sir Walter Scott, zuhause in der ganzen Welt.

Kein Gemüse wächst schneller und sieht vollkommener aus als der Kohlkopf.

How the Donkey Lifted the Hills

Many people suppose that the donkey is lazy. This is a great mistake. It is his pride.

Years ago, there was nobody quite so fine as the donkey. He was a great swell in those times. No one could express an opinion of anything without the donkey showing where he was in it. No one could mention the name of an important personage without the donkey declaring how well he knew him. The donkey was, above all things, a proud and aristocratic beast.

One day a party of animals were discussing one thing and another, until finally the conversation drifted around to mythology.

"I have always admired that giant, Atlas," observed the ox in the course of the conversation. "It was amazing how he could carry things."

"Oh, yes – Atlas," said the donkey. "I knew him very well. I once met a man and we got talking of Atlas. I expressed my admiration for the giant and my desire to meet him some day, if possible. Whereupon the man said there was nothing quite so easy. He was sure that his dear friend, Atlas, would be happy to meet so charming a donkey. Was I at leisure next Monday? Well, then, could I dine with him upon that date? So, you see, it was all arranged. I found Atlas to be a very pleasant fellow."

"It has always been a wonder to me how he could have carried the earth on his back," said the horse.

"Oh, my dear sir, nothing is more simple," cried the donkey. "One has only to make up one's mind to it, and then – do it. That is all. I am quite sure

Wie sich der Esel die Berge auflud

Viele Leute glauben, der Esel sei faul. Das ist ein großer Irrtum. Es hat mit seinem Stolz zu tun.

Vor vielen, vielen Jahren gab es niemanden, der an den Esel heranreichte. Er war damals ein ganz großes Tier. Zu nichts konnte man seine Meinung äußern, ohne daß der Esel erklärte, was er davon hielt.

Man brauchte nur den Namen einer wichtigen Person zu nennen, und schon sagte der Esel, die kenne er bestens. Damals war der Esel vor allem ein stolzes und hochgestochenes Tier.

Eines Tages unterhielten sich einige Tiere über dieses und jenes, und schließlich kamen sie auch auf die Mythologie zu sprechen.

«Ich habe schon immer den Riesen Atlas bewundert», bemerkte der Ochse bei diesem Gespräch. «Es ist unglaublich, was er alles tragen konnte.»

«Ach ja, Atlas», sagte der Esel. «Den habe ich gut gekannt. Ich unterhielt mich mal mit einem Mann, und als die Rede auf Atlas kam, sagte ich, wie sehr ich den Riesen bewunderte, und daß ich ihn gerne mal kennenlernen würde. Das sei doch ganz einfach, sagte darauf der Mann. Sein guter Freund Atlas würde sich bestimmt freuen, einen so reizenden Esel kennenzulernen. Ob ich am nächsten Montag Zeit hätte? Gut, und ob ich an diesem Tag mit ihm essen wolle? So kam es dann zu der Begegnung. Ich fand Atlas einen sehr netten Burschen.»

«Es war für mich immer ein Rätsel, wie er es fertigbrachte, die Erdkugel auf seinen Schultern zu tragen», sagte das Pferd.

«Oh, mein Bester, nichts ist leichter als das!» rief der Esel. «Man muß sich nur wirklich darauf einstellen und es dann auch tun. Das ist alles. Ich bin sicher, ich könnte

that if I wished I could carry a range of mountains upon my back."

All the others said, "Oh, my!"

"Yes, I could," asserted the donkey, stoutly. "It is merely a question of making up one's mind. I will bet."

"I will wager also," said the horse. "I will wager my ears that you can't carry a range of mountains upon your back."

"Done," cried the donkey.

Forthwith the party of animals set out for the mountains. Suddenly, however, the donkey paused and said, "Oh, but look here. Who will place this range of mountains upon my back? Surely I can not be expected to do the loading also."

Here was a great question. The party consulted. At length the ox said, "We will have to ask some men to shovel the mountain upon the donkey's back."

Most of the others clapped their hoofs or their paws and cried, "Ah, that is the thing."

The horse, however, shook his head doubtfully. "I don't know about these men. They are very sly. They will introduce some deviltry into the affair."

"Why, how silly," said the donkey. "Apparently you do not understand men. They are the most gentle, guileless creatures."

"Well," retorted the horse, "I will doubtless be able to escape, since I am not to be encumbered with any mountains. Proceed."

The donkey smiled in derision at these observations by the horse.

Presently they came upon some men who were labouring away like mad, digging ditches, felling trees, gathering fruits, carrying water, building huts.

"Look at these men, would you," said the horse. "Can you trust them after this exhibition of their depravity? See how each one selfishly –"

ein ganzes Gebirge auf meinem Rücken tragen, wenn ich wollte.»

Da riefen alle andern: «Nein, wirklich?»

«Ja, das könnte ich», behauptete der Esel steif und fest. «Es ist nur die Frage, ob man sich wirklich darauf einstellt. Wollen wir wetten?»

«Die Wette gilt», sagte das Pferd. «Ich wette meine Ohren, daß du *nicht* ein ganzes Gebirge auf deinem Rücken tragen kannst.»

«Abgemacht!» rief der Esel.

Sogleich machte sich die Tier-Gesellschaft auf den Weg zu den Bergen. Plötzlich aber blieb der Esel stehen und sagte: «He, hört mal. Wer soll mir denn das Gebirge auf den Rücken heben? Man kann doch nicht verlangen, daß ich mich selbst belade?»

Das war eine schwierige Frage. Sie überlegten gemeinsam, und schließlich sagte der Ochse: «Wir werden einen Menschen bitten müssen, den Berg auf den Rücken des Esels zu schaufeln.»

Die meisten Tiere klatschten in ihre Hufe oder Pfoten und riefen: «Ja, das ist die Lösung!»

Nur das Pferd schüttelte zweifelnd den Kopf. «Ich weiß nicht so recht. Diese Menschen sind sehr verschlagen. Sie werden irgendeine Teufelei aushecken.»

«So etwas Dummes!» sagte der Esel. «Du verstehst offenbar nichts von Menschen. Sie sind ganz liebe, harmlose Wesen.»

«Na gut», erwiderte das Pferd. «Ich kann ja einfach weglaufen. Mich behindern schließlich keine Berge. Gehen wir weiter.»

Der Esel lächelte spöttisch über diese Bemerkungen des Pferdes.

Bald darauf begegneten sie ein paar Männern, die wie wild arbeiteten und Gräben aushoben, Bäume fällten, Obst sammelten, Wassereimer trugen und Hütten bauten.

«Seht euch nur diese Menschen an», sagte das Pferd. «Wie könnt ihr ihnen nach diesem Beweis ihrer Verworfenheit noch trauen? Seht nur, wie jeder eigensüchtig . . .»

The donkey interrupted with a loud laugh. "What nonsense!"

And then he cried out ot the men, "Ho, my friends, will you please come and shovel a range of mountains upon my back?"

"What?"

"Will you please come and shovel a range of mountains upon my back?"

The men were silent for a time. Then they went apart and debated. They gesticulated a great deal. Some apparently said one thing and some another. At last they paused, and one of their number came forward. "Why do you wish a range of mountains shovelled upon your back?"

"It is a wager," cried the donkey.

The men consulted again. And as the discussion became older, their heads went closer and closer together, until they merely whispered, and did not gesticulate at all. Ultimately they cried, "Yes, certainly we will shovel a range of mountains upon your back for you."

"Ah, thanks," said the donkey.

"Here is surely some deviltry," said the horse behind his hoof to the ox.

The entire party proceeded then to the mountains. The donkey drew a long breath and braced his legs.

"Are you ready?" asked the men.

"All ready," cried the donkey.

The men began to shovel.

The dirt and stones flew over the donkey's back in showers. It was not long before his legs were hidden. Presently only his neck and head remained in view. Then at last this wise donkey vanished. There had been made no great effect upon the range of mountains. They still towered toward the sky.

The watching crowd saw a heap of dirt and stones 16
make a little movement, and then was heard a muf- 17

Der Esel unterbrach es mit lautem Gelächter. «So ein Unsinn!»

Und dann rief er den Männern zu: «Heda, Freunde, kommt doch bitte mal her und schaufelt mir ein Gebirge auf den Rücken!»

«Wie bitte?»

«Kommt bitte mal her und schaufelt mir ein Gebirge auf den Rücken.»

Die Männer blieben eine Weile stumm. Dann gingen sie beiseite und berieten. Dabei machten sie heftige Bewegungen. Offenbar dachten die einen so und die anderen anders. Endlich hielten sie inne, und einer trat aus der Gruppe heraus. «Warum willst du, daß wir ein Gebirge auf deinen Rücken schaufeln?»

«Es geht um eine Wette!» rief der Esel.

Wieder beratschlagten die Männer, und je länger ihre Beratung dauerte, um so dichter steckten sie die Köpfe zusammen, bis sie nur noch flüsterten und ganz aufhörten, irgendwelche Bewegungen zu machen. Schließlich riefen sie: «Ja, abgemacht, wir werden dir ein Gebirge auf den Rücken schaufeln.»

«Oh, danke», sagte der Esel.

«Die haben bestimmt eine Teufelei vor», flüsterte das Pferd hinter vorgehaltenem Huf dem Ochsen zu.

Nun begab sich die ganze Gesellschaft in die Berge. Der Esel tat einen tiefen Atemzug und stellte sich mit steifen Beinen hin.

«Bist du bereit?» fragten die Männer.

«Ich bin bereit!» rief der Esel.

Da fingen die Männer an zu schaufeln.

Erde und Steine flogen in Schauern über den Rücken des Esels, und es dauerte nicht lange, bis seine Beine zugedeckt waren. Bald waren nur noch Hals und Kopf zu sehen. Schließlich war dieser kluge Esel ganz verschwunden. Am Gebirge hatte sich aber nicht viel verändert. Es ragte noch immer in den Himmel.

Die Umstehenden sahen, wie sich der Erd- und Steinhaufen ein wenig bewegte, und dann hörte man einen erstickten

fled cry. "Enough! Enough! It was not two ranges of mountains! It is not fair! It is not fair!"

But the men only laughed as they shovelled on.

"Enough! Enough! Oh, woe is me – thirty snow-capped peaks upon my little back. Ah, these false, false men! Oh, virtuous, wise, and holy men, desist."

The men again laughed. They were as busy as fiends with their shovels.

"Ah, brutal, cowardly, accursed men; ah, good, gentle, and holy men, please remove some of those damnable peaks. I will adore your beautiful shovels for ever. I will be slave to the beckoning of your little fingers. I will no longer be my own donkey – I will be your donkey."

The men burst into a triumphant shout and ceased shovelling. "Swear it, mountain-carrier."

"I swear! I swear! I swear!"

The other animals scampered away then, for these men in their plots and plans were very terrible.

"Poor old foolish fellow," cried the horse; "he may keep his ears. He will need them to hear and count the blows that are now to fall upon him."

The men unearthed the donkey. They beat him with their shovels. "Ho, come on, slave." Encrusted with earth, yellow-eyed from fright, the donkey limped toward his prison. His ears hung down like leaves of the plantain during the great rain.

So, now, when you see a donkey with a church, a palace, and three villages upon his back, and he goes with infinite slowness, moving but one leg at a time, do not think him lazy. It is his pride.

Schrei. «Genug! Genug! Von zwei Gebirgen war nicht die Rede! Das ist unfair! Das ist unfair!»

Aber die Männer lachten nur und schaufelten weiter.

«Genug! Genug! Ach, ich Ärmster! Dreißig schneebedeckte Gipfel auf meinem armen Rücken. Oh, diese hinterhältigen Menschen! Ach, ihr tugendhaften, klugen und verehrungswürdigen Menschen, haltet ein!»

Wieder lachten die Männer und schwangen ihre Schaufeln so eifrig wie die Teufel.

«Ach, ihr grausamen, feigen, verfluchten Menschen, ach, ihr guten, lieben und verehrungswürdigen Menschen, bitte nehmt mir ein paar von diesen verdammten Gipfeln ab. Ich will eure schönen Schaufeln immerdar preisen. Ich will dem Wink eures kleinen Fingers wie ein Sklave gehorchen. Ich will nie mehr ein unabhängiger Esel sein – ich will euer Esel sein.»

Die Männer brachen in Freudengeschrei aus und hörten auf zu schaufeln. «Schwöre, Gebirgsträger!»

«Ich schwöre! Ich schwöre! Ich schwöre!»

Da trotteten die anderen Tiere von dannen, denn diese Menschen mit ihren Listen und Tücken waren schrecklich.

«Armer alter Narr!» rief das Pferd aus. «Seine Ohren soll er ruhig behalten. Er wird sie brauchen, um die Schläge zu hören und zu zählen, die er fortan bekommen wird.»

Die Männer gruben den Esel wieder aus, und sie schlugen mit ihren Schaufeln auf ihn ein. «He, vorwärts, Sklave!» Schmutzverkrustet, die Augen gelb vor Furcht, so hinkte der Esel in sein Gefängnis. Seine Ohren hingen herab wie Wegerichblätter im Regen.

Wenn ihr also künftig einen Esel seht, der eine Kirche, ein Schloß und drei Dörfer auf seinem Rücken trägt und unendlich langsam, ein Bein vor das andere setzend, geht, dann denkt nicht, er sei faul. Es hat mit seinem Stolz zu tun.

JOHN DRYDEN

The Cock and the Fox
or: The Tale of the Nun's Priest, from Chaucer

There liv'd, as Authors tell, in Days of Yore,
A Widow somewhat old, and very poor:
Deep in a Dell her Cottage lonely stood,
Well thatch'd, and under covert of a Wood.
This Dowager, on whom my Tale I found,
Since last she laid her Husband in the Ground,
A simple sober Life, in patience led,
And had but just enough to buy her Bread:
But Housewifing the little Heav'n had lent,
She duly paid a Groat for Quarter-Rent;
And pinch'd her Belly with her Daughters two,
To bring the Year about with much ado.
The Cattle in her Homestead were three Sows,
An Ewe call'd Mally; and three brinded Cows.
Her Parlour-Window stuck with Herbs around,
Of sav'ry Smell; and Rushes strew'd the Ground.
A Maple-Dresser, in her Hall she had,
On which full many a slender Meal she made:
For no delicious Morsel pass'd her Throat;
According to her Cloth she cut her Coat:
No poignant Sauce she knew, no costly Treat,
Her Hunger gave a Relish to her Meat:
A sparing Diet did her Health assure;
Or sick, a Pepper-Posset was her Cure.
Before the Day was done her Work she sped,
And never went by Candle-light to Bed:
With Exercise she sweat ill Humours out,
Her Dancing was not hinder'd by the Gout.
Her Poverty was glad; her Heart content,
Nor knew she what the Spleen or Vapours meant.
Of Wine she never tasted through the Year,
But White and Black was all her homely Cheer; 20
Brown Bread, and Milk, (but first she skimm'd her Bowls) 21

Der Hahn und der Fuchs
oder: Die Erzählung des Nonnenpriesters, nach Chaucer

Vor langer Zeit, so wird uns erzählt, lebte einmal
eine Witwe, die schon älter und sehr arm war.
Ihr Häuschen, das einsam in einem engen Tal stand,
war mit Stroh gedeckt und durch einen Wald geschützt.
Diese Witwe, von der ich hier erzähle,
führte ein einfaches und bescheidenes Leben,
seit sie ihren Ehemann beerdigt hatte.
Sie besaß kaum genug, um ihr Brot damit zu kaufen,
doch mit dem wenigen, was Gott ihr gab, kam sie aus,
zahlte treulich alle drei Monate einen Groschen Pacht,
und indem sie und ihre beiden Töchter kaum etwas aßen,
kamen sie mit Müh und Not durch das Jahr.
Das Vieh in ihrer Haushaltung waren drei Sauen,
ein Schaf namens Mally und drei gescheckte Kühe.
Rund um das Fenster ihrer Stube wuchsen duftende Kräuter,
und Binsen bedeckten den Fußboden.
In der Halle stand eine Anrichte aus Ahornholz,
auf der sie so manche karge Mahlzeit zubereitete,
denn Leckereien kamen nie über ihre Lippen.
Sie schnitt ihr Kleid nach dem vorhandenen Stoff.
Scharfe Soßen und teure Speisen waren ihr unbekannt,
und der Hunger würzte ihr das Fleisch.
Die schlichte Kost hielt sie gesund, und wurde sie
einmal krank, kurierte sie sich mit einem Pfeffertee.
Mit ihrer Arbeit war sie stets vor Einbruch der Nacht fertig,
und nie ging sie erst bei Kerzenlicht zu Bett.
Schlechte Körpersäfte schwitzte sie bei der Arbeit heraus,
und keine Gicht hinderte sie am Tanzen.
Trotz ihrer Armut war sie fröhlich und zufrieden.
Trübsinn und Langeweile waren ihr fremd.
Wein trank sie das ganze Jahr nicht.
Vielmehr waren ihre einfachen Speisen weiß und schwarz:
dunkles Brot und Milch (aber zuvor nahm sie den Rahm

And Rashers of sing'd Bacon, on the Coals.
On Holy-Days, an Egg or two at most;
But her Ambition never reach'd to roast.
A Yard she had with Pales enclos'd about,
Some high, some low, and a dry Ditch without.
Within this Homestead liv'd, without a Peer
For crowing loud, the noble Chanticleer:
So hight her Cock, whose singing did surpass
The merry Notes of Organs at the Mass. (...)
High was his Comb, and Coral-red withal,
In dents embattled like a Castle-Wall;
His Bill was Raven-black, and shone like Jet,
Blue were his Legs, and Orient were his Feet:
White were his Nails, like Silver to behold,
His Body glitt'ring like the burnish'd Gold.

This gentle Cock for solace of his Life,
Six Misses had beside his lawful Wife;
Scandal that spares no King, tho' ne'er so good,
Says, they were all of his own Flesh and Blood:
His Sisters both by Sire, and Mother's side,
And sure their likeness show'd them near allied.
But make the worst, the Monarch did no more,
Than all the Ptolemys had done before:
When Incest is for Int'rest of a Nation,
'Tis made no Sin by Holy Dispensation.
Some Lines have been maintain'd by this alone,
Which by their common Ugliness are known.
But passing this as from our Tale apart,
Dame Partlet was the Sovereign of his Heart:
Ardent in Love, outrageous in his Play, 22
He feather'd her a hundred times a Day: 23

aus der Schüssel) und über der Glut geröstete Speckscheiben.
An Feiertagen gab es ein Ei, höchstens zwei,
doch zu Braten verstieg sie sich nie.
Ihr Hof war mit Pfählen eingezäunt,
manche höher, manche niedriger, und davor verlief ein Graben.

Auf diesem Gehöft lebte einer, der so laut krähen konnte
wie kein anderer: der edle Chanticleer.
So nämlich hieß ihr Hahn, dessen Gesang
die frohen Klänge der Orgel im Gottesdienst übertönte.
Er hatte einen hohen roten Kamm,
der gleich einer Burgmauer gezackt war.
Sein Schnabel war rabenschwarz und glänzte wie Jett,
seine Beine waren blau, und seine Zehen leuchtend rot.
Die Krallen waren hell und wie Silber anzusehen,
und sein Leib schimmerte wie poliertes Gold.

Dieser edle Hahn hatte zu seiner Annehmlichkeit
außer seiner angetrauten Gattin noch sechs Mätressen.
Böse Zungen, die keinen noch so guten König schonen,
behaupten, sie seien alle von seinem Fleisch und Blut
– Schwestern väterlicher- und mütterlicherseits – gewesen,
und ihre Ähnlichkeit zeigte deutlich, daß sie verwandt waren.
Aber auch wenn es schlimm war – dieser König tat doch nur,
was die Ptolemäer schon getan hatten:
Wenn der Inzest den Interessen des Staates dient,
bewirkt ein Dispens der Kirche, daß er nicht als Sünde gilt.
Manche Adelsfamilie, die man an ihrer Häßlichkeit erkennt,
ist nur auf diese Weise erhalten worden.

Aber lassen wir das, es gehört nicht zu unserer Geschichte.
Die Dame Partlet war die Königin seines Herzens.
Von glühender Leidenschaft, zügellos im Liebesspiel
bestieg er sie wohl hundertmal am Tag;

And she that was not only passing fair,
But was withal discreet, and debonair,
Resolv'd the passive Doctrine to fulfil
Tho' loth: And let him work his wicked Will.
At Board and Bed was affable and kind,
According as their Marriage-Vow did bind,
And as the Church's Precept had enjoin'd.
Ev'n since she was a Sennight old, they say
Was chaste, and humble to her dying Day,
Nor Chick nor Hen was known to disobey.
  By this her Husband's Heart she did obtain,
What cannot Beauty, join'd with Virtue, gain!
She was his only Joy, and he her Pride,
She, when he walk'd, went pecking by his side;
If spurning up the Ground, he sprung a Corn,
The Tribute in his Bill to her was born.
But oh! what Joy it was to hear him sing
In Summer, when the Day began to spring,
Stretching his Neck, and warbling in his Throat,
Solus cum Sola, then was all his Note.
For in the Days of Yore, the Birds of Parts
Were bred to Speak, and Sing, and learn the lib'ral Arts.
  It happ'd that perching on the Parlour-beam
Amidst his Wives he had a deadly Dream;
Just at the Dawn, and sigh'd, and groan'd so fast,
As ev'ry Breath he drew would be his last.
Dame Partlet, ever nearest to his Side,
Heard all his piteous Moan, and how he cried
For Help from Gods and Men: And sore aghast
She peck'd and pull'd, and waken'd him at last.
Dear Heart, said she, for Love of Heav'n declare
Your Pain, and make me Partner of your Care.
You groan, Sir, ever since the Morning-light,
As something had disturb'd your noble Spright.
  And Madam, well I might, said Chanticleer,
Never was Shrovetide-Cock in such a fear.
Ev'n still I run all over in a Sweat,
My Princely Senses not recover'd yet.

und sie, die nicht nur überaus schön war,
sondern auch klug und liebenswürdig,
entschlossen, das Gebot der Nachgiebigkeit zu befolgen,
auch wenn es ihr nicht gefiel, gab seinem Ungestüm nach.
Bei Tisch und im Bett war sie ihm zugetan und hold,
wozu sie der Eheschwur ja auch verpflichtete
und die Vorschriften der Kirche ermahnten.
Seit sie eine Woche alt war, so heißt es,
war sie züchtig und untertänig bis zu ihrem Ende,
nie ungehorsam, weder als Küken noch als Henne.
So gewann sie das Herz ihres Gemahls.
Was kann Schönheit gepaart mit Tugend nicht alles erreichen!
Sie war seine ganze Freude, er ihr Stolz.
Wenn er spazierenging, lief sie pickend an seiner Seite,
und wenn er im Sand scharrte und ein Korn fand,
brachte er es ihr als Geschenk in seinem Schnabel.
Doch oh! wie schön war es, ihn im Sommer
bei Tagesanbruch singen zu hören,
wenn er den Hals reckte und aus voller Kehle schmetterte.
Sein einziger Ton war *solus cum sola*,
denn in früheren Zeiten erhielten kluge Vögel Unterricht
im Sprechen, Singen und in den freien Künsten.

Da geschah es, daß er kurz vor Tagesanbruch, während er auf dem Deckenbalken zwischen seinen Frauen saß, einen schrecklichen Traum hatte, und er ächzte und stöhnte so laut, als könnte jeder Atemzug sein letzter sein.
Die Dame Partlet, die stets dicht bei ihm saß,
vernahm sein jämmerliches Stöhnen, und wie er Götter und Menschen um Hilfe rief; und da sie tief erschrocken war,
pickte und zupfte sie ihn, bis er endlich aufwachte.
«Liebster», rief sie, «sage mir doch um Himmels willen,
was dich plagt, und laß mich deine Sorgen teilen!
Du stöhnst schon seit dem Morgengrauen.
Irgendetwas muß dein edles Gemüt quälen.»

«Ich habe allen Grund zu stöhnen», erwiderte Chanticleer.
«Kein Fastnachtshahn hat sich je so geängstigt.
Noch jetzt bricht mir der Schweiß aus,
und meine fürstlichen Sinne sind ganz verwirrt,

For such a Dream I had of dire Portent,
That much I fear my Body will be shent:
It bodes I shall have Wars and woeful Strife,
Or in a loathsome Dungeon end my Life.
Know Dame, I dreamt within my troubled Breast,
That in our Yard, I saw a murd'rous Beast,
That on my Body would have made Arrest.
With waking Eyes I ne'er beheld his Fellow,
His Colour was betwixt a Red and Yellow:
Tipp'd was his Tail, and both his pricking Ears
With black; and much unlike his other Hairs:
The rest, in shape a Beagle's Whelp throughout,
With broader Forehead, and a sharper Snout:
Deep in his Front were sunk his glowing Eyes,
That yet methinks I see him with Surprise.
Reach out your Hand, I drop with clammy Sweat,
And lay it to my Heart, and feel it beat.

Now fie for Shame, quoth she, by Heav'n above,
Thou hast for ever lost thy Lady's Love;
No Woman can endure a Recreant Knight,
He must be bold by Day, and free by Night:
Our Sex desires a Husband or a Friend,
Who can our Honour and his own defend;
Wise, Hardy, Secret, lib'ral of his Purse:
A Fool is nauseous, but a Coward worse:
No bragging Coxcomb, yet no baffled Knight.
How dar'st thou talk of Love, and dar'st not Fight?
How dar'st thou tell thy Dame thou art afear'd,
Hast thou no manly Heart, and hast a Beard?
If aught from fearful Dreams may be divin'd,
They signify a Cock of Dunghill-kind. 26
All Dreams, as in old Galen I have read, 27

denn mein Traum enthielt eine schreckliche Weissagung.
Ich fürchte, daß mir etwas Schlimmes zustoßen wird.
Mir wurde prophezeit, daß mir Krieg und Kampf widerfahren
und mein Leben in einem abscheulichen Kerker enden werde.
Hör zu: Mir träumte in meinem beunruhigten Herzen,
ich hätte in unserem Hof ein mörderisches Tier erblickt,
das sich meiner bemächtigen wollte.
Im wachen Zustand habe ich so einen Kerl noch nie gesehen.
Seine Farbe war zwischen Rot und Gelb,
sein Schwanz und seine aufgestellten Ohren hatten schwarze
Spitzen, die sich von seinem übrigen Fell deutlich abhoben.
Im übrigen hatte er den Körperbau eines jungen Beagle,
aber eine breitere Stirn und eine spitzere Schnauze.
Seine glühenden Augen lagen tief in seinem Gesicht,
und mir ist, als sähe ich sie noch mit Schrecken vor mir.
Fühle nur, wie ich von Schweiß triefe
und wie mein Herz klopft!»

«Pfui, schäm dich!» sprach sie. «Beim Himmel,
nun hast du für immer die Liebe deiner Frau verloren,
denn keine Dame kann einen feigen Ritter ertragen.
Er muß bei Tage kühn und bei Nacht verwegen sein.
Mein Geschlecht wünscht sich einen Gatten oder Freund,
der sowohl unsere als auch seine Ehre verteidigen kann
und klug, tapfer, verschwiegen und mit Geld großzügig ist.
Ein Narr ist uns zuwider, ein Feigling ist noch schlimmer,
weder Prahlhans noch geschlagener Held.
Du wagst von Liebe zu reden, und wagst nicht den Kampf?
Du wagst es deiner Dame zu sagen, du hättest Angst?
Besitzest du trotz deinem Bart kein männliches Herz?
Wenn Angstträume auf irgendetwas schließen lassen,
dann auf einen Hahn, der auf den Misthaufen gehört.
Beim alten Galen habe ich gelesen, daß Träume entstehen,

Are from Repletion and Complexion bred:
From rising Fumes of indigested Food,
And noxious Humours that infect the Blood:
And sure, my Lord, if I can read aright,
These foolish Fancies you have had tonight
Are certain Symptoms (in the canting Style)
Of boiling Choler, and abounding Bile. (. . .)
  More I could say, but thus conclude my Theme,
The dominating Humour makes the Dream.
Cato was in his time accounted Wise,
And he condemns them all for empty Lies.
Take my Advice, and when we fly to Ground
With Laxatives preserve your Body sound,
And purge the peccant Humours that abound. (. . .)
  Madam, quoth he, Gramercy for your Care,
But Cato, whom you quoted, you may spare:
'Tis true, a wise, and worthy Man he seems,
And (as you say) gave no belief to Dreams:
But other Men of more Authority,
And by th' Immortal Pow'rs as wise as He
Maintain, with sounder Sense, that Dreams forbode;
For Homer plainly says they come from God. (. . .)
  Much more I know, which I forbear to speak,
For see the ruddy Day begins to break:
Let this suffice, that plainly I foresee
My Dream was bad, and bodes Adversity:
But neither Pills nor Laxatives I like,
They only serve to make a well man sick:
Of these his Gain the sharp Physician makes,
And often gives a Purge, but seldom takes:
They not correct, but poison all the Blood,
And ne'er did any but the Doctors good.
Their Tribe, Trade, Trinkets, I defy them all,
With ev'ry Work of 'Pothecaries' Hall.
  These melancholy Matters I forbear:
But let me tell Thee, Partlet mine, and swear,
That when I view the Beauties of thy Face, 28
I fear not Death, nor Dangers, nor Disgrace: 29

wenn man zuviel gegessen hat und die Säfte sich mischen
und wenn Dämpfe unverdauter Speisen
und giftige Substanzen das Blut verseuchen.
Wenn ich sie richtig deute, sind diese törichten Einbildungen,
die du heute nacht gehabt hast,
eindeutige Symptome (um ein Fachwort zu gebrauchen)
einer überhitzten Galle und zu reichlicher Gallenflüssigkeit.
Ich könnte dazu noch mehr sagen, doch genug damit:
Der vorherrschende Körpersaft erzeugt die Träume.
Cato, der zu seiner Zeit als ein kluger Mann galt,
verwirft sie deshalb allesamt als reine Lügengespinste.
Hör auf meinen Rat: Wenn wir auf den Boden hinabfliegen,
nimmst du ein Abführmittel, das dich von dem Übermaß
schädlicher Säfte befreit. Dann wirst du wieder gesund.»
«Vielen Dank für deine Fürsorge», sprach er,
«doch den Cato, den du zitiert hast, laß aus dem Spiel.
Er war gewiß ein kluger und ehrenwerter Mann,
der, wie du schon sagtest, nicht an Träume glaubte.
Doch andere Männer, die mehr Sachverstand besaßen
und, weiß der Himmel, genauso klug waren wie er,
erklären überzeugend, daß Träume etwas vorhersagen.
So sagt Homer ganz klar, daß sie von Gott kommen.
Ich wüßte noch mehr, will aber nicht davon reden,
denn ich sehe schon die Morgenröte heraufziehen.
Genug, ich bin ganz sicher,
daß mein Traum schlecht war und Unheil ankündigt.
Ich mag aber weder Pillen noch Abführmittel nehmen,
da sie einen gesunden Menschen nur krank machen.
Der schlaue Arzt macht seine Geschäfte damit,
daß er anderen Kuren verschreibt, die er selbst nie erprobt.
Sie verbessern das Blut nicht, sondern vergiften es nur
und tun niemandem etwas Gutes außer den Doktoren.
Ihren Stand, ihr Gewerbe und ihre Werkzeuge lehne ich ab,
ebenso die Erzeugnisse der Apotheker.
Ich will jetzt nicht mehr an diese traurigen Dinge denken,
und ich sage dir, liebe Partlet, und schwöre:
Wenn ich deine Schönheit sehe,
fürchte ich weder Tod noch Gefahr noch Schande.

So may my Soul have Bliss, as when I spy
The Scarlet Red about thy Partridge Eye,
While thou art constant to thy own true Knight,
While thou art mine, and I am thy delight,
All Sorrows at thy Presence take their flight.
For true it is, as *in Principio,*
Mulier est hominis confusio.
Madam, the meaning of this Latin is,
That Woman is to Man his Sovereign Bliss. (. . .)
And ev'n already I forget my Dream;
He said, and downward flew from off the Beam.
For Day-light now began apace to spring,
The Thrush to whistle, and the Lark to sing.
Then crowing clapp'd his Wings, th' appointed call
To chuck his Wives together in the Hall.
　By this the Widow had unbarr'd the Door,
And Chanticleer went strutting out before,
With Royal Courage, and with Heart so light,
As show'd he scorn'd the Visions of the Night.
Now roaming in the Yard he spurn'd the Ground,
And gave to Partlet the first Grain he found. (. . .)
He chuck'd again, when other Corns he found,
And scarcely deign'd to set a Foot to Ground.
But swagger'd like a Lord about his Hall,
And his sev'n Wives came running at his call. (. . .)

　Ye Wise draw near, and hearken to my Tale,
Which proves that oft the Proud by Flatt'ry fall:
The Legend is as true I undertake
As *Tristram* is, and *Launcelot of the Lake*. (. . .)
　A Fox full fraught with seeming Sanctity, 30
That fear'd an Oath, but like the Devil, would lie, 31

Es erquickt meine Seele, wenn ich
das Rot deiner Fasanenaugen sehe.
Solange du deinem gehorsamen Ritter treu bist
und mir gehörst und ich deine Freude bin,
vergesse ich in deiner Gegenwart alle Sorgen,
denn es ist jetzt so wahr wie *in principio:*
Mulier est hominis confusio.
Das ist Latein und bedeutet,
daß die Frau das höchste Glück des Mannes ist.
Meinen Traum habe ich jetzt schon beinahe vergessen.»
So sprach er und flog von dem Balken herunter,
denn das Tageslicht kam zusehends höher,
die Drossel begann zu trällern, die Lerche zu singen.
Er schlug mit den Flügeln und krähte. Dies war das Signal,
mit dem er seine Frauen in der Halle zusammenrief.
Inzwischen hatte die Witwe die Haustür entriegelt,
und Chanticleer stolzierte in königlicher Haltung
und ganz vergnügt vor den anderen hinaus,
um zu zeigen, daß er auf die Träume der Nacht nichts gab.
Nun streifte er im Hof umher, kratzte im Sand
und gab Partlet das erste Korn, das er fand.
Er gackerte jedesmal, wenn er wieder ein Korn entdeckte,
und trat vor Stolz kaum richtig auf den Boden,
sondern schritt wie ein Lord in seiner Halle umher,
und wenn er rief, kamen seine sieben Frauen angerannt.

Ihr Klugen, rückt näher und hört meine Geschichte,
die zeigt, wie oft Stolz über Schmeichelei stolpert.
Diese Geschichte, das versichere ich euch, ist so wahr
wie die des Tristan oder des Lancelot vom See.
Ein durch und durch scheinheiliger Fuchs,
der jeden Eid scheute und wie der Teufel log,

Who look'd like Lent, and had the holy Leer,
And durst not sin before he said his Pray'r:
This pious Cheat that never suck'd the Blood,
Nor chaw'd the Flesh of Lambs but when he could,
Had pass'd three Summers in the neighb'ring Wood;
And musing long, whom next to circumvent,
On Chanticleer his wicked Fancy bent:
And in his high Imagination cast,
By Stratagem to gratify his Taste.
The Plot contriv'd, before the break of Day,
Saint Reynard through the Hedge had made his way;
The Pale was next, but proudly with a bound
He lept the Fence of the forbidden Ground:
Yet fearing to be seen, within a Bed
Of Colleworts he conceal'd his wily Head;
There skulk'd till Afternoon, and watch'd his time,
(As Murd'rers use) to perpetrate his Crime. (...)

O Chanticleer, in an unhappy Hour
Didst thou forsake the Safety of thy Bow'r:
Better for Thee thou hadst believ'd thy Dream,
And not that Day descended from the Beam! (...)
Now to continue what my Tale begun.
Lay Madam Partlet basking in the Sun,
Breast-high in Sand: Her Sisters in a row,
Enjoy'd the Beams above, the Warmth below.
The Cock that of his Flesh was ever free,
Sung merrier than the Mermaid in the Sea:
And so befell, that as he cast his Eye,
Among the Colleworts on a Butterfly,
He saw false Reynard where he lay full low, 32
I need not swear he had no list to Crow: 33

der aussah wie das Fasten und fromm-verschlagen blickte,
und der nie sündigte, ohne vorher seine Gebete zu sprechen –
dieser fromme Betrüger, der nie das Blut von Lämmern trank
oder ihr Fleisch fraß, außer wenn er dazu Gelegenheit hatte,
lebte seit drei Sommern ganz in der Nähe im Wald.
Er überlegte lange, wen er als nächstes übertölpeln könnte,
und seine schlimme Phantasie verfiel auf Chanticleer.
In seinem Hinterkopf faßte er den Entschluß,
durch eine List seine Gelüste zu befriedigen.
Als sein Plan feststand, bahnte sich Sankt Reineke
noch vor Tagesanbruch einen Weg durch die Hecke.
Als nächstes kam der Zaun, aber mit einem kühnen Sprung
setzte er darüber und gelangte so in den verbotenen Hof.
Da er nicht gesehen werden wollte, versteckte er
sein ränkevolles Haupt in einem Kohlbeet.
Dort lauerte er bis zum Nachmittag und wartete
(wie alle Mörder), bis die Zeit für sein Verbrechen da war.

Ach, Chanticleer, in einer unglücklichen Stunde
ging die Sicherheit deines Heims verloren.
Du hättest besser deinem Traum geglaubt
und an diesem Tag deinen Balken nicht verlassen!
Doch fahren wir mit der Geschichte fort.
Madame Partlet lag in der Sonne,
bis zur Brust im Sand, ihre Schwestern aufgereiht daneben.
So genossen sie die Sonne von oben und die Wärme von unten.
Der Hahn gab wie immer seiner Fleischeslust nach
und sang fröhlicher als eine Meerjungfrau.
Als er so umhersah, fiel sein Auge zufällig
auf einen Schmetterling, der auf den Kohlköpfen saß,
und er sah den trügerischen Reineke, der geduckt dalag.
Ich brauche nicht zu beteuern, daß ihm das Krähen verging.

But cried Cock, Cock, and gave a sudden start,
As sore dismay'd and frighted at his Heart.
For Birds and Beasts, inform'd by Nature, know
Kinds opposite to theirs, and fly their Foe.
So, Chanticleer, who never saw a Fox,
Yet shunn'd him as a Sailor shuns the Rocks.
But the false Loon who could not work his Will
By open Force, employ'd his flatt'ring Skill;
I hope, my Lord, said he, I not offend,
Are you afraid of me, that am your Friend?
I were a Beast indeed to do you wrong,
I, who have lov'd and honour'd you so long:
Stay, gentle Sir, nor take a false Alarm,
For on my Soul I never meant you harm.
I come no Spy, nor as a Traytor press,
To learn the Secrets of your soft Recess:
Far be from Reynard so profane a Thought,
But by the sweetness of your Voice was brought:
For, as I bid my Beads, by chance I heard,
The Song as of an Angel in the Yard:
A Song that would have charm'd th' infernal Gods,
And banish'd Horror from the dark Abodes. (...)
My Lord, your Sire familiarly I knew,
A Peer deserving such a Son, as you:
He, with your Lady Mother (whom Heav'n rest)
Has often grac'd my House, and been my Guest:
To view his living Features does me good,
For I am your poor Neighbour in the Wood;
And in my Cottage should be proud to see
The worthy Heir of my Friend's Family.
But since I speak of Singing let me say,
As with an upright Heart I safely may,
That, save yourself, there breathes not on the Ground,
One like your Father for a Silver sound.
So sweetly would he wake the Winter-day,
That Matrons to the Church mistook their way,
And thought they heard the merry Organ play. 34
And he to raise his Voice with artful Care, 35

Er rief nur noch «Gack! Gack!» und fuhr zusammen,
da er voll Angst und Schrecken war.
Vögel und Vierbeiner erkennen bekanntlich von Natur aus
ihre Gegner und fliehen vor ihren Feinden.
Chanticleer hatte zwar noch nie einen Fuchs gesehen,
aber er suchte ihn zu meiden wie der Seemann den Felsen.
Der falsche Kerl, der sein Ziel nun nicht mit Gewalt
erreichen konnte, verlegte sich aufs Schmeicheln.
«Ich hoffe, edler Herr», sagte er, «daß ich nicht störe.
Ihr fürchtet Euch doch nicht vor mir? Ich bin Euer Freund.
Ich wäre ja ein wahres Untier, wenn ich Euch etwas antun wollte,
da ich Euch doch schon so lange bewundere und verehre.
Bleibt, mein Herr, und seid ganz unbesorgt,
ich habe noch nie Böses gegen Euch ersonnen. Ich komme
nicht als Spion, noch dränge ich mich als Verräter ein,
um die Geheimnisse eures Innersten auszuspähen.
So ein niederer Gedanke liegt Reineke fern!
Vielmehr lockte mich Eure liebliche Stimme an,
denn so wahr ich meine Gebete spreche: Ich hörte zufällig
von diesem Hof engelsgleichen Gesang,
der selbst die Götter der Unterwelt betört
und dem finsteren Ort seinen Schrecken genommen hätte.
Euern Vater, edler Herr, kannte ich sehr gut.
Er war ein Edelmann, der einen Sohn wie Euch verdiente.
Gemeinsam mit Eurer verehrten Mutter (sie ruhe in Frieden)
hat er mich oft mit seinem Besuch beehrt.
Es freut mich, sein lebendiges Ebenbild vor mir zu sehen.
Ich bin nämlich Euer armer Nachbar aus dem Wald
und wäre stolz, den würdigen Erben aus der Familie
meines Freundes in meiner Hütte begrüßen zu dürfen.
Aber da ich vom Singen sprach, laßt mich sagen,
wozu mein aufrichtiges Herz mir das Recht gibt:
daß es außer Euch niemanden auf Erden gibt,
der eine so silberhelle Stimme hat wie Euer Vater.
Er konnte einen Wintertag so freudig begrüßen,
daß manche alte Frau vom Weg zur Kirche abkam,
weil sie meinte, die heitere Orgel spielen zu hören.
Er stellte sich wohlbedacht auf die Zehenspitzen

(What will not Beaux attempt to please the Fair?)
On Tiptoe stood to sing with greater Strength,
And stretch'd his comely Neck at all the length:
And while he pain'd his Voice to pierce the Skies,
As Saints in Raptures use, would shut his Eyes,
That the sound striving through the narrow Throat,
His winking might avail, to mend the Note.
By this, in Song, he never had his Peer,
From sweet Cecilia down to Chanticleer. (. . .)
Now sing, my Lord, if not for love of me,
Yet for the sake of sweet Saint Charity;
Make Hills, and Dales, and Earth and Heav'n rejoice,
And emulate your Father's Angel-voice.

The Cock was pleas'd to hear him speak so fair,
And proud beside, as solar People are:
Nor could the Treason from the Truth descry,
So was he ravish'd with this Flattery:
So much the more as from a little Elf,
He had a high Opinion of himself:
Though sickly, slender, and not large of Limb,
Concluding all the World was made for him.

Ye Princes rais'd by Poets to the Gods,
And Alexander'd up in lying Odes,
Believe not ev'ry flatt'ring Knave's report,
There's many a Reynard lurking in the Court;
And he shall be receiv'd with more regard
And listen'd to, than modest Truth is heard.

This Chanticleer of whom the Story sings,
Stood high upon his Toes, and clapp'd his Wings;
Then stretch'd his Neck, and wink'd with both his Eyes;
Ambitious as he sought th' Olympic Prize.

(was tut ein schöner Mann nicht alles den Frauen zuliebe),
so daß er kraftvoller singen konnte und besser gehört wurde,
und reckte seinen Hals, so weit er nur konnte.
Und dieweil er seine Stimme gen Himmel dringen ließ,
schloß er die Augen, wie es Heilige in Ekstase tun,
so daß der Klang, der aus seinem schlanken Hals kam,
durch dieses Augenschließen noch schöner wurde.
Deshalb hatte er im Singen nie seinesgleichen,
von der anmutigen Heiligen Cäcilie bis hin zu Chanticleer.
Nun singt, edler Herr, wenn nicht mir zuliebe,
dann um der Liebe zu Euern Nächsten willen.
Bereitet Berg und Tal, Himmel und Erde die Freude
und wetteifert mit der Engelsstimme Eures Vaters.»

Der Hahn war ob dieser schönen Worte sehr erfreut
und stolz, wie es bei vornehmen Menschen oft der Fall ist.
Er war von den Schmeicheleien so betört,
daß er Lüge und Wahrheit nicht mehr unterscheiden konnte,
umso mehr, da er schon von klein auf
eine sehr hohe Meinung von sich gehabt und,
obwohl kränklich, schwach und klein,
stets geglaubt hatte, die Welt sei für ihn erschaffen worden.

Ihr Fürsten, die ihr von Dichtern zu den Göttern erhoben
und in lügenhaften Oden zu Alexandern gemacht werdet,
glaubt nicht jedem skrupellosen Schmeichler.
Es hält sich am Hof so mancher Reineke versteckt,
dem mit mehr Achtung begegnet und dem
mehr Gehör geschenkt wird als der schlichten Wahrheit.

Dieser Chanticleer, von dem wir hier erzählen,
stellte sich auf die Zehenspitzen und schlug mit den Flügeln.
Dann reckte er den Hals und schloß beide Augen,
als lege er es darauf an, den olympischen Preis zu erringen.

But while he pain'd himself to raise his Note,
False Reynard rush'd, and caught him by the Throat.
Then on his Back he laid the precious Load,
And sought his wonted shelter of the Wood;
Swiftly he made his way, the Mischief done,
Of all unheeded, and pursu'd by none. (. . .)
Not louder Cries when Ilium was in Flames,
Were sent to Heav'n by woeful Trojan Dames, (. . .)
Than for the Cock the widow'd Poultry made.
Fair Partlet first, when he was borne from sight,
With sovereign Shrieks bewail'd her Captive Knight. (. . .)
Now to my Story I return again.
The trembling Widow, and her Daughters twain,
This woeful cackling Cry with Horror heard,
Of those distracted Damsels in the Yard;
And starting up beheld the heavy Sight,
How Reynard to the Forest took his Flight,
And cross his Back as in triumphant Scorn,
The Hope and Pillar of the House was born.

The Fox, the wicked Fox, was all the Cry,
Out from his House ran ev'ry Neighbour nigh:
The Vicar first, and after him the Crew,
With Forks and Staves the Felon to pursue.
Ran Coll our Dog, and Talbot with the Band,
And Malkin, with her Distaff in her Hand:
Ran Cow and Calf, and Family of Hogs,
In Panic Horror of pursuing Dogs,
With many a deadly Grunt and doleful Squeak
Poor Swine, as if their pretty Hearts would break.
The Shouts of Men, the Women in dismay, 38
With Shrieks augment the Terror of the Day. 39

Und während er sich noch mühte, immer lauter zu singen,
sprang ihm Reineke, der Verräter, an die Gurgel, packte ihn,
nahm dann die kostbare Last auf den Rücken,
und wandte sich dem vertrauten Versteck im Wald zu.
Nach vollbrachter Missetat legte er den Weg schnell zurück,
von niemandem beobachtet oder verfolgt.
Als Ilion in Flammen stand, da war
das Jammern der schmerzerfüllten Troerinnen nicht lauter
als jenes, welches die Hennen nun um den Hahn erhoben.
Als erste beklagte die schöne Partlet ihren gefangenen Herrn
mit lautem Rufen, als er davongeschleppt wurde.
Um nun aber meine Geschichte weiterzuerzählen:
Mit Schrecken vernahmen die zitternde Witwe
und ihre beiden Töchter dieses jammervolle Gackern
der entsetzten Damen im Hof,
und als sie aufsahen, erblickten sie betrübt
den zum Wald flüchtenden Reineke, der triumphierend
und wie zum Spott die Hoffnung und Stütze
des Hauses auf seinem Rücken davontrug.

«Der Fuchs! Der böse Fuchs!» schrien alle,
und die Nachbarn kamen aus ihren Häusern gelaufen.
Erst der Pfarrer, hinter ihm die mit Gabeln und Stangen
bewaffneten Männer, um den Schurken zu jagen.
Es kamen Coll, der Hund, und Talbot mit seinem Halsband
und die Magd Malkin mit dem Spinnrocken in der Hand.
Kuh und Kalb kamen angerannt und Familie Schwein,
in panischer Angst vor den nachfolgenden Hunden,
mit lautem Grunzen und Quieken,
als wollte ihr Herz brechen.
Das Rufen der Männer und der Zorn der Frauen
machten den Schrecken dieses Tages nur noch größer.

The Ducks that heard the Proclamation cried,
And fear'd a Persecution might betide,
Full twenty Mile from Town their Voyage take,
Obscure in Rushes of the liquid Lake.
The Geese fly o'er the Barn; the Bees in Arms,
Drive headlong from their Waxen Cells in Swarms. (. . .)
With Might and Main they chas'd the murd'rous Fox,
With brazen Trumpets, and inflated Box,
To kindle Mars with military Sounds,
Nor wanted Horns t' inspire sagacious Hounds.
  But see how Fortune can confound the Wise,
And when they least expect it, turn the Dice.
The Captive Cock, who scarce could draw his Breath,
And lay within the very Jaws of Death;
Yet in this Agony his Fancy wrought
And Fear supplied him with this happy Thought:
Yours is the Prize, victorious Prince, said he,
The Vicar my defeat, and all the Village see.
Enjoy your friendly Fortune while you may,
And bid the Churls that envy you the Prey,
Call back their mongrel Curs, and cease their Cry,
See Fools, the shelter of the Wood is nigh,
And Chanticleer in your despite shall die.
He shall be pluck'd, and eaten to the Bone.
  'Tis well advis'd, in Faith it shall be done;
This Reynard said: but as the Word he spoke,
The Pris'ner with a Spring from Prison broke:
Then stretch'd his feather'd Fans with all his might,
And to the neighb'ring Maple wing'd his flight.
  Whom when the Traitor safe on Tree beheld,
He curs'd the Gods, with Shame and Sorrow fill'd;
Shame for his Folly; Sorrow out of time,
For Plotting an unprofitable Crime:
Yet mast'ring both, th' Artificer of Lies
Renews th' Assault, and his last Batt'ry tries.
  Though I, said he, did ne'er in Thought offend,
How justly may my Lord suspect his Friend? 40
Th' appearance is against me, I confess, 41

Die Enten quakten, als sie das Getöse hörten,
denn sie fürchteten, die Verfolgung gelte ihnen,
und sie flogen zwanzig Meilen weit von der Stadt weg
und versteckten sich in den Binsen eines Sees.
Die Gänse flohen über die Scheune, die bewaffneten Bienen
kamen in Schwärmen aus ihren wächsernen Zellen gebraust.
Aus Leibeskräften setzten alle dem mörderischen Fuchs nach
mit Messingtrompeten und anderen Balsinstrumenten,
um Mars mit militärischen Klängen aufzuwecken.
Auch Hörner zum Anfeuern der Spürhunde fehlten nicht.
Doch paßt auf, wie Fortuna auch die Klugen verwirren
und die Würfel drehen kann, wenn sie es nicht erwarten.
Der gefangene Hahn konnte kaum noch atmen
und befand sich bereits in den Zähnen des Todes,
doch in seiner Todesangst schickten ihm
List und Furcht diesen glücklichen Einfall:
«Der Preis gehört dir, siegreicher Fürst», sagte er.
«Der Vikar und das ganze Dorf sind Zeugen meiner Niederlage.
Freu dich deines Glücks nach Herzenslust
und sag den Kerlen, die dir die Beute neiden, sie sollen
ihre Köter zurückrufen und mit dem Geschrei aufhören.
Seht doch, ihr Narren, der rettende Wald ist nah,
und Chanticleer wird trotz allem sterben müssen.
Man wird ihn rupfen und seine Knochen blank nagen.»
«Ein guter Rat! So soll es geschehen»,
sagte Reineke, doch kaum hatte er diese Worte gesprochen,
da riß sich der Gefangene los,
breitete seine Flügel mit aller Kraft aus
und flog auf einen Ahornbaum in der Nähe.
Als der Verräter ihn auf dem Baum in Sicherheit sah,
erfüllten ihn Scham und Wut, und er fluchte auf die Götter.
Er schämte sich seiner Dummheit und ärgerte sich – aber
zu spät –, ein erfolgloses Verbrechen geplant zu haben.
Doch der Lügenkünstler kam darüber hinweg und begann
von neuem, wobei er seine letzten Geschütze auffuhr.
«Ich habe zwar», sagte er, «nie etwas Unrechtes beabsichtigt,
doch könnte der edle Herr seinem Freund leicht mißtrauen.
Ich gebe zu, daß der Anschein gegen mich spricht,

Who seemingly have put you in Distress:
You, if your Goodness does not plead my Cause,
May think I broke all hospitable Laws,
To bear you from your Palace-yard by Might,
And put your noble Person in a Fright:
This, since you take it ill, I must repent,
Though Heav'n can witness with no bad intent
I practis'd it, to make you taste your Cheer
With double Pleasure, first prepar'd by fear.
Descend; so help me Jove as you shall find
That Reynard comes of no dissembling Kind.

Nay, quoth the Cock; but I beshrew us both,
If I believe a Saint upon his Oath:
An honest Man may take a Knave's Advice,
But Idiots only will be cozen'd twice:
Once warn'd is well bewar'd: No flatt'ring Lies
Shall soothe me more to sing with winking Eyes,
And open Mouth, for fear of catching Flies.
Who Blindfold walks upon a River's brim
When he should see, has he deserv'd to swim?
Better, Sir Cock, let all Contention cease,
Come down, said Reynard, let us treat of Peace.
A Peace with all my Soul, said Chanticleer;
But with your Favour, I will treat it here:
And lest the Truce with Treason should be mix'd,
'Tis my concern to have the Tree betwixt.

The Moral

In this plain Fable you th' Effect may see
Of Negligence, and fond Credulity:
And learn besides of Flatt'rers to beware,
Then most pernicious when they speak too fair.

da ich Euch scheinbar Ungemach zugefügt habe.
Ihr könntet, falls Eure Herzensgüte mich nicht entschuldigt,
glauben, ich hätte alle Gebote des Gastrechts gebrochen,
als ich Euch gewaltsam von Eurem Schloßhof entführte
und Euch, edler Herr, einen Schrecken einjagte.
Ich bedaure, daß Ihr mir das übelnehmt,
doch der Himmel ist mein Zeuge, daß ich nichts Böses vorhatte.
Ich tat es nur, damit Ihr nach diesem Schrecken
Euer Glück umso mehr genießen könnt.
Kommt herunter, und beim Jupiter! Ihr werdet feststellen,
daß Reineke stets die Wahrheit spricht.»

«Nein!» erwiderte der Hahn. «Hol der Teufel uns beide,
wenn ich dem Eid selbst eines Heiligen je wieder traue.
Einmal fällt ein ehrlicher Mann auf einen Schurken herein,
aber nur Dummköpfe lassen sich zweimal täuschen.
Einmal gewarnt ist wohl bewahrt. Keine Schmeichellügen
bringen mich noch einmal dazu, mit geschlossenen Augen
lauthals zu singen, sonst schlucke ich noch Mücken.
Wer mit verbundenen Augen am Flußufer entlanggeht,
wo man aufpassen sollte, hat der verdient zu schwimmen?»
«Wäre es nicht besser, Sir Hahn, wir vergäßen allen Hader?
Kommt herab», sagte Reineke, «laßt uns Frieden schließen.»
«Von Herzen gern», sprach Chanticleer,
«doch wenn Ihr erlaubt, will ich ihn hier oben schließen.
Damit sich in den Waffenstillstand kein Verrat mische,
lege ich Wert darauf, den Baum zwischen uns zu wissen.»

Moral

Diese schlichte Fabel zeigt euch, wohin
Nachlässigkeit und Leichtgläubigkeit führen können.
Auch lehrt sie, daß man sich vor Schmeicheleien hüten soll,
die am gefährlichsten sind, wenn sie besonders schön klingen.

The Cock and Fox the Fool and Knave imply;
The Truth is moral, though the Tale a Lie.
Who spoke in Parables, I dare not say;
But sure, he knew it was a pleasing way,
Sound Sense, by plain Example, to convey.
And in a Heathen Author we may find,
That Pleasure with Instruction should be join'd:
So take the Corn, and leave the Chaff behind.

Hahn und Fuchs stehen für den Toren und den Schurken.
Die Lehre ist moralisch, auch wenn die Geschichte erfunden ist.
Ich möchte den, der in Gleichnissen sprach, nicht nennen,
aber zweifellos wußte er, daß dies eine schöne Art ist,
vernünftige Einsicht durch ein einfaches Beispiel zu fördern.
Und bei einem heidnischen Autor lesen wir,
daß man Unterhaltung mit Belehrung verbinden sollte.
Nehmt euch also das Korn, und laßt die Spreu beiseite.

E. M. FORSTER

Mr. Andrews

The souls of the dead were ascending towards the Judgement Seat and the Gate of Heaven. The world soul pressed them on every side, just as the atmosphere presses upon rising bubbles, striving to vanquish them, to break their thin envelope of personality, to mingle their virtue with its own. But they resisted, remembering their glorious individual life on earth, and hoping for an individual life to come.

Among them ascended the soul of a Mr Andrews who, after a beneficent and honourable life, had recently deceased at his house in town. He knew himself to be kind, upright and religious, and though he approached his trial with all humility, he could not be doubtful of its result.

God was not now a jealous God. He would not deny salvation merely because it was expected. A righteous soul may reasonably be conscious of its own righteousness and Mr Andrews was conscious of his.

'The way is long,' said a voice, 'but by pleasant converse the way becomes shorter. Might I travel in your company?'

'Willingly,' said Mr Andrews. He held out his hand, and the two souls floated upwards together.

'I was slain fighting the infidel,' said the other exultantly, 'and I go straight to those joys of which the Prophet speaks.'

'Are you not a Christian?' asked Mr Andrews gravely.

'No, I am a Believer. But you are a Moslem, surely?'

Die Seelen der Verstorbenen waren auf dem Weg hinauf zum Richterstuhl und dem Himmelstor. Die Weltseele, deren Druck sie von allen Seiten umgab wie Luftblasen, die dem Druck der Atmosphäre ausgesetzt sind, versuchte, von ihnen Besitz zu ergreifen, die dünne Hülle ihrer Persönlichkeit zu sprengen und deren gute Eigenschaften mit den ihren zu verbinden. Sie aber hielten stand, da sie sich an ihr herrliches Leben als Einzelwesen auf Erden erinnerten und hofften, als Einzelwesen auch weiterzuleben.

Unter den aufsteigenden Seelen befand sich die eines Mr. Andrews, der eben erst, nach einem wohltätigen und ehrsamen Leben, in seinem Haus in London verstorben war. Er wußte, daß er ein gütiger, aufrechter und frommer Mann gewesen war, und obgleich er seinem Gerichtsverfahren in aller Demut entgegensah, konnte er an dessen Ausgang doch nicht zweifeln. Gott war ja kein eifernder Gott mehr. Er würde niemandem die Erlösung verweigern, nur weil es von ihm erwartet wurde. Eine rechtschaffene Seele darf sich ihrer Rechtschaffenheit durchaus bewußt sein, und Mr. Andrews war sich der seinen bewußt.

«Der Weg ist noch weit», sagte plötzlich eine Stimme, «aber mit angenehmer Unterhaltung wird er kürzer. Erlaube, daß wir gemeinsam reisen.»

«Sehr gern», erwiderte Mr. Andrews. Er streckte seine Hand aus, und zusammen schwebten die beiden Seelen weiter aufwärts.

«Ich bin im Kampf gegen die Ungläubigen gefallen», sagte der andere frohlockend, «und ich gehe jetzt geradewegs jenen Freuden entgegen, von denen der Prophet spricht.»

«Du bist also kein Christ?» fragte Mr. Andrews ernst.

«Nein, ich bin ein Rechtgläubiger. Du bist doch gewiß auch ein Moslem?»

'I am not,' said Mr Andrews. 'I am a Believer.'

The two souls floated upwards in silence, but did not release each other's hands. 'I am broad church,' he added gently. The word 'broad' quavered strangely amid the interspaces.

'Relate to me your career,' said the Turk at last.

'I was born of a decent middle-class family, and had my education at Winchester and Oxford. I thought of becoming a missionary, but was offered a post in the Board of Trade, which I accepted.

At thirty-two I married, and had four children, two of whom have died. My wife survives me. If I had lived a little longer I should have been knighted.'

'Now I will relate my career. I was never sure of my father, and my mother does not signify. I grew up in the slums of Salonika. Then I joined a band and we plundered the villages of the infidel. I prospered and had three wives, all of whom survive me. Had I lived a little longer I should have had a band of my own.'

'A son of mine was killed travelling in Macedonia. Perhaps you killed him.'

'It is very possible.'

The two souls floated upward, hand in hand. Mr Andrews did not speak again, for he was filled with horror at the approaching tragedy. This man, so godless, so lawless, so cruel, so lustful, believed that he would be admitted into Heaven. And into what a heaven – a place full of the crude pleasures of a ruffian's life on earth! But Mr Andrews felt neither disgust nor moral indignation. He was only conscious of an immense pity, and his own virtues confronted him not at all. He longed to save the man whose hand he held more tightly, who, he thought, was now holding more tightly on to him. And when he reached the Gate of Heaven, instead of saying 'Can I enter?' as he had intended, he cried out, 'Cannot *he* 48
enter?' 49

«Nein», sagte Mr. Andrews. «Ich bin ein Rechtgläubiger.»

Schweigend schwebten die beiden Seelen weiter hinauf, jedoch ohne einander loszulassen. «Ich gehöre aber der liberalen Richtung an», fügte er sanft hinzu. Das Wörtchen «liberal» vibrierte seltsam zwischen den zwei Pausen.

«Erzähle mir, wie du gelebt hast», sagte endlich der Türke.

«Ich stamme aus einer gutbürgerlichen Familie und wurde in Winchester und Oxford erzogen. Eigentlich wollte ich Missionar werden, aber dann bot sich mir ein Posten im Handelsministerium, und ich nahm an. Mit zweiunddreißig heiratete ich. Wir hatten vier Kinder, von denen zwei schon tot sind. Meine Frau lebt noch. Hätte ich etwas länger gelebt, wäre ich geadelt worden.»

«Nun will ich dir erzählen, wie ich gelebt habe. Wer mein Vater war, habe ich nie genau erfahren können, und meine Mutter tut nichts zur Sache. Ich wurde in den Elendsvierteln von Saloniki groß. Dann schloß ich mich einer Bande an, und wir raubten die Dörfer der Ungläubigen aus. Es ging mir gut. Ich hatte drei Frauen, die alle noch leben. Hätte ich etwas länger gelebt, wäre ich Räuberhauptmann geworden.»

«Einer meiner Söhne wurde ermordet, als er durch Mazedonien reiste. Vielleicht hast du ihn getötet.»

«Das ist durchaus möglich.»

Die beiden Seelen schwebten Hand in Hand weiter aufwärts. Mr. Andrews sagte nichts mehr, denn ihm graute vor der bevorstehenden Tragödie. Dieser durch und durch gottlose, gesetzlose, grausame, lüsterne Mensch glaubte also, in den Himmel eingelassen zu werden. Und was für ein Himmel das war! Ein Ort, an dem es nur die rohen Freuden aus dem Erdenleben ungehobelter Gesellen gab! Aber Mr. Andrews empfand weder Abscheu noch Entrüstung. Ihn erfüllte nur tiefes Mitleid, und seine eigene Tugendhaftigkeit war ihm dabei keineswegs hinderlich. Er hatte das Verlangen, den Mann zu retten, dessen Hand er in der seinen hielt und dessen Griff, wie ihm schien, jetzt fester wurde. Und als er am Himmelstor ankam, sagte er nicht «Darf ich eintreten?» wie er es beabsichtigt hatte, sondern er rief: «Darf *er* nicht eintreten?»

And at the same moment the Turk uttered the same cry. For the same spirit was working in each of them.

From the gateway a voice replied, 'Both can enter.' They were filled with joy and pressed forward together.

Then the voice said, 'In what clothes will you enter?'

'In my best clothes,' shouted the Turk, 'the ones I stole.' And he clad himself in a splendid turban and a waistcoat embroidered with silver, and baggy trousers, and a great belt in which were stuck pipes and pistols and knives.

'And in what clothes will you enter?' said the voice to Mr Andrews.

Mr Andrews thought of his best clothes, but he had no wish to wear them again. At last he remembered and said, 'Robes.'

'Of what colour and fashion?' asked the voice.

Mr Andrews had never thought about the matter much. He replied, in hesitating tones, 'White, I suppose, of some flowing soft material', and he was immediately given a garment such as he had described. 'Do I wear it rightly?' he asked.

'Wear it as it pleases you,' replied the voice. 'What else so you desire?'

'A harp,' suggested Mr Andrews. 'A small one.'

A small gold harp was placed in his hand.

'And a palm – no, I cannot have a palm, for it is the reward of martyrdom; my life has been tranquil and happy.'

'You can have a palm if you desire it.'

But Mr Andrews refused the palm, and hurried in his white robes after the Turk, who had already entered Heaven. As he passed in at the open gate, a man, dressed like himself, passed out with gestures of despair.

'Why is he not happy?' he asked.

Und im selben Augenblick rief der Türke dasselbe, denn in beiden von ihnen war derselbe Geist am Werk.

Vom Tor her erwiderte eine Stimme: «Ihr dürft beide eintreten.» Sie waren sehr erfreut und drängten gemeinsam voran.

Dann fragte die Stimme: «In welcher Art von Kleidung wollt ihr eintreten?»

«In meinen besten Sachen!» rief der Türke. «In denen, die ich gestohlen habe.» Und er setzte sich einen prächtigen Turban auf und legte eine silberbestickte Weste, Pluderhosen und einen breiten Gürtel an, in dem Pfeife, Pistolen und Messer staken.

«Und in welcher Kleidung willst du eintreten?» fragte die Stimme Mr. Andrews.

Mr. Andrews dachte zuerst an seinen besten Anzug, aber er hatte keine Lust, ihn noch einmal zu tragen. Endlich fiel es ihm ein, und er sagte: «In einem wallenden Gewand.»

«Von welcher Farbe und Machart?» fragte die Stimme.

Darüber hatte Mr. Andrews nie viel nachgedacht. Zögernd antwortete er: «Weiß, denke ich, und aus weichem, fließendem Stoff.» Und sogleich erhielt er ein Gewand, wie er es gerade beschrieben hatte. «Trage ich es richtig so?» erkundigte er sich.

«Trage es, wie es dir gefällt», entgegnete die Stimme. «Was wünschst du sonst noch?»

«Eine Harfe», bat Mr. Andrews. «Eine kleine.»

Darauf wurde ihm eine kleine goldene Harfe in die Hand gedrückt.

«Und einen Palmenzweig. – Nein, ein Palmenzweig steht mir nicht zu. Das ist ja eine Auszeichnung für Märtyrer, und mein Leben war geruhsam und glücklich.»

«Du kannst einen Palmenzweig haben, wenn du es wünschst.»

Doch Mr. Andrews lehnte den Palmenzweig ab und eilte in seinem weißen Gewand hinter dem Türken her, der bereits in den Himmel eingetreten war. Gerade als er durch das offene Tor hineinging, kam ein Mann, der genauso gekleidet war wie er, mit Gesten der Verzweiflung heraus.

«Warum ist er denn nicht glücklich?» fragte er.

The voice did not reply.

'And who are all those figures, seated inside on thrones and mountains? Why are some of them terrible, and sad, and ugly?'

There was no answer. Mr Andrews entered, and then he saw that those seated figures were all the gods who were then being worshipped on the earth. A group of souls stood round each, singing his praises. But the gods paid no heed, for they were listening to the prayers of living men, which alone brought them nourishment. Sometimes a faith would grow weak, and then the god of that faith also drooped and dwindled and fainted for his daily portion of incense. And sometimes, owing to a revivalist movement, or to a great commemoration, or to some other cause, a faith would grow strong, and the god of that faith grow strong also.

And, more frequently still, a faith would alter, so that the features of its god altered and became contradictory, and passed from ecstasy to respectability, or from mildness and universal love to the ferocity of battle. And at times a god would divide into two gods, or three, or more, each with his own ritual and precarious supply of prayer.

Mr Andrews saw Buddha, and Vishnu, and Allah, and Jehovah, and the Elohim. He saw little ugly determined gods who were worshipped by a few savages in the same way. He saw the vast shadowy outlines of the neo-Pagan Zeus. There were cruel gods, and coarse gods, and tortured gods, and, worse still, there were gods who were peevish, or deceitful, or vulgar. No aspiration of humanity was unfulfilled. There was even an intermediate state for those who wished it, and for the Christian Scientists a place where they could demonstrate that they had not died.

He did not play his harp for long, but hunted vainly 52
for one of his dead friends. And though souls were 53

Die Stimme antwortete nicht.

«Und wer sind all diese Gestalten, die dort drinnen auf Thronen und Berggipfeln sitzen? Warum sehen manche von ihnen so furchtbar und traurig und häßlich aus?»

Er erhielt keine Antwort. Mr. Andrews trat ein, und dann sah er, daß jene sitzenden Gestalten die Götter waren, die zu dieser Zeit auf Erden verehrt wurden. Um jeden dieser Götter war eine Schar von Seelen versammelt, die ihn lobpreisten. Die Götter schenkten dem aber keine Beachtung, da sie nur auf die Gebete der Lebenden lauschten, die ihr Labsal waren. Manchmal wurde ein Glaube schwächer, und dann sank auch der Gott dieses Glaubens in sich zusammen, schrumpfte und wurde bewußtlos, wenn er nicht seine tägliche Weihrauchgabe erhielt. Aber manchmal erstarkte ein Glaube auch dank einer Erneuerungsbewegung oder einer großen Erinnerungsfeier oder aus irgendeinem anderen Grund, und dann kam der Gott dieses Glaubens ebenfalls wieder zu Kräften. Noch häufiger aber wandelte sich ein Glaube, so daß sich die Gesichtszüge des Gottes gleichfalls veränderten und ganz Gegensätzliches ausdrückten, sowohl Verzückung als auch Nüchternheit oder Güte und allumfassende Liebe ebenso wie kämpferische Wildheit. Und gelegentlich spaltete sich ein Gott in zwei, drei oder mehr Götter, von denen jeder seine eigenen Rituale und eine Anzahl vergänglicher Gebete hatte.

Mr. Andrews sah Buddha und Vischnu und Allah und Jehova und die Elohim. Er sah kleine, häßliche, zu allem entschlossene Götter, die von ein paar Wilden demgemäß verehrt wurden. Er sah die gewaltigen, schemenhaften Umrisse des Zeus der neuheidnischen Religion. Da gab es grausame Götter und plumpe Götter und gequälte Götter und, was noch ärger war, mürrische, lügnerische und ungebildete Götter. Nichts, was Menschen sich ausdenken mochten, blieb hier unerfüllt. Es gab sogar für diejenigen, die es wünschten, einen Zwischenzustand sowie einen Ort für die Anhänger der Christlichen Wissenschaft, an dem sie dartun konnten, daß sie gar nicht gestorben waren.

Mr. Andrews spielte nicht lange auf seiner Harfe, sondern versuchte stattdessen vergeblich, wenigstens einen seiner ver-

continually entering Heaven, it still seemed curiously empty. Though he had all that he expected, he was conscious of no great happiness, no mystic contemplation of beauty, no mystic union with good.

There was nothing to compare with that moment outside the gate, when he prayed that the Turk might enter and heard the Turk uttering the same prayer for him. And when at last he saw his companion, he hailed him with a cry of human joy.

The Turk was seated in thought, and round him, by sevens, sat the virgins who are promised in the Koran.

'Oh, my dear friend!' he called out. 'Come here and we will never be parted, and such as my pleasures are, they shall be yours also. Where are my other friends? Where are the men whom I love, or whom I have killed?'

'I, too, have only found you,' said Mr Andrews. He sat down by the Turk, and the virgins, who were all exactly alike, ogled them with coal black eyes.

'Though I have all that I expected,' said the Turk, 'I am conscious of no great happiness. There is nothing to compare with that moment outside the gate when I prayed that you might enter, and heard you uttering the same prayer for me. These virgins are as beautiful and good as I had fashioned, yet I could wish that they were better.'

As he wished, the forms of the virgins became more rounded, and their eyes grew larger and blacker than before. And Mr Andrews, by a wish similar in kind, increased the purity and softness of his garment and the glitter of his harp. For in that place their expectations were fulfilled, but not their hopes.

'I am going,' said Mr Andrews at last. 'We desire infinity and we cannot imagine it. How can we expect it to be granted? I have never imagined

storbenen Freunde wiederzufinden. Aber obgleich fortwährend neue Seelen den Himmel betraten, erschien er ihm sonderbar leer. Zwar hatte er alles, was er sich erträumt hatte, empfand aber trotzdem kein großes Glück, keine mystische Versenkung in das Schöne, keine mystische Einheit mit Gott. Da war nichts, was dem Augenblick draußen vor dem Tor gleichkam, als er darum bat, man möge den Türken einlassen, und hörte, wie der Türke für ihn dieselbe Bitte aussprach. Als er seinen Gefährten endlich entdeckte, begrüßte er ihn daher mit einem Ausruf menschlicher Freude.

Der Türke saß gedankenverloren da, und um ihn herum lagerten in Gruppen zu je sieben die Jungfrauen, die der Koran verheißt.

«Ah, mein lieber Freund!» rief er. «Komm zu mir. Wir wollen uns nie wieder trennen, und meine bescheidenen Freuden sollen auch die deinen sein. Wo sind nur meine anderen Freunde? Wo sind die Menschen, die ich liebe oder die ich getötet habe?»

«Auch ich habe nur dich gefunden», sagte Mr. Andrews. Er setzte sich zu dem Türken, und die Jungfrauen, die einander völlig glichen, sahen sie mit kohlschwarzen Augen an.

«Ich habe zwar alles, was ich mir erträumt hatte», sagte der Türke, «empfinde aber trotzdem kein großes Glück. Es gibt nichts, was dem Augenblick draußen vor dem Tor gleichkäme, als ich darum bat, man möge dich einlassen, und hörte, wie du für mich dieselbe Bitte aussprachst. Diese Jungfrauen sind so schön und gut, wie ich sie mir vorgestellt habe, aber ich wünschte, sie wären noch besser.»

Kaum hatte er diesen Wunsch geäußert, da erhielten die Jungfrauen noch üppigere Formen, und ihre Augen waren noch größer und schwärzer als zuvor. Und aufgrund eines ähnlich gearteten Wunsches wurde Mr. Andrews' Gewand noch reiner und weißer und seine Harfe noch glänzender. Denn an diesem Ort wurden zwar ihre Erwartungen erfüllt, nicht aber ihre Sehnsüchte.

«Ich gehe», sagte Mr. Andrews endlich. «Wir sehnen uns nach Unendlichkeit, können sie uns aber nicht vorstellen. Wie können wir da erwarten, daß sie uns gewährt wird? Ich habe

anything infinitely good or beautiful excepting in my dreams.'

'I am going with you,' said the other.

Together they sought the entrance gate, and the Turk parted with his virgings and his best clothes, and Mr Andrew cast away his robes and his harp.

'Can we depart?' they asked.

'You can both depart if you wish,' said the voice, 'but remember what lies outside.'

As soon as they passed the gate, they felt again the pressure of the world soul. For a moment they stood hand in hand resisting it. Then they suffered it to break in upon them, and they, and all the experience they had gained, and all the love and wisdom they had generated, passed into it, and made it better.

mir nie etwas unendlich Gutes oder Schönes vorstellen können außer in meinen Träumen.»

«Ich komme mit dir», sagte der andere.

Gemeinsam gingen sie zum Eingang und während der Türke sich von den Jungfrauen und seinen besten Kleidern trennte, warf Mr. Andrews sein Gewand und die Harfe beiseite.

«Können wir wieder gehen?» fragten sie.

«Ihr könnt beide gehen, wenn ihr wollt», sagte die Stimme, «aber bedenkt, was euch draußen erwartet.»

Kaum hatten sie das Tor durchschritten, spürten sie wieder den Druck der Weltseele. Einen Augenblick standen sie Hand in Hand da und widersetzten sich ihm. Dann ließen sie sich überwältigen, und mit all ihren vielen Erfahrungen und mit der Liebe und Weisheit, die sie hervorgebracht hatten, gingen sie in der Weltseele auf und machten sie reicher.

JOHN GAY

The Eagle, and the Assembly of Animals

As *Jupiter's* all-seeing eye
Survey'd the worlds beneath the sky,
From this small speck of earth were sent
Murmurs and sounds of discontent;
For ev'ry thing alive complain'd
That he the hardest life sustain'd.
  Jove calls his Eagle. At the word
Before him stands the royal bird.
The Bird, obedient, from heav'n's height
Downward directs his rapid flight;
Then cited ev'ry living thing,
To hear the mandates of his king.
  Ungrateful creatures, whence arise
These murmurs which offend the skies;
Why this disorder? say the cause:
For just are *Jove's* eternal Laws.
Let each his discontent reveal.
To yon sour dog I first appeal.
  Hard ist my lot, the hound replies,
On what fleet nerves the greyhound flies!
While I with weary step and slow
O'er plains and vales and mountains go;
The morning sees my chase begun,
Nor ends it 'till the setting sun.
  When (says the greyhound) I pursue,
My game is lost, or caught in view,
Beyond my sight the prey's secure:
The hound is slow but always sure.
And, had I his sagacious scent,
Jove ne'er had heard my discontent.
  The lion crav'd the fox's art;
The fox, the lion's force and heart;
The cock implor'd the pigeon's flight,
Whose wings were rapid, strong and light;

Der Adler und die Versammlung der Tiere

Als Jupiter sein allsehendes Auge
über die Welten unter dem Himmel schweifen ließ,
da kamen von dem winzigen Staubkorn der Erde
Murren und Laute der Unzufriedenheit;
denn ein jedes Lebewesen beklagte sich,
daß sein Leben das schwerste sei.
Darauf rief Jupiter seinen Adler zu sich, und sogleich
erschien dieses königliche Tier vor ihm.
Gehorsam begab sich der Vogel sodann
in eiligem Flug hinab
und befahl alle Tiere zu sich,
auf daß sie die Anweisungen seines Königs vernähmen.
«Ihr undankbaren Geschöpfe, was ist der Grund
für dieses Murren, mit dem ihr den Himmel belästigt?
Warum dieser Aufruhr? Nennt mir die Ursache,
denn Jupiters ewige Gesetze sind gerecht.
Ein jeder soll darlegen, was ihn unzufrieden macht.
Als ersten rufe ich jenen mürrischen Spürhund dort auf.»
«Ich habe ein schweres Los», sprach der Hund.
«Wie geschwind fliegt doch der Windhund dahin!
Ich dagegen laufe mühevoll und langsam
über Feld und Tal und Berg.
Schon am Morgen beginnt meine Jagd,
und sie endet erst bei Sonnenuntergang.»
«Wenn ich», sagte der Windhund, «Wild jage,
und fange nicht, was ich sehe, entkommt die Beute.
Was ich nicht sehen kann, ist vor mir sicher.
Der Spürhund ist langsam, doch seiner Sache stets gewiß,
und wenn ich seinen scharfen Geruchssinn besäße,
hätte Jupiter von mir kein unzufriedenes Wort gehört.»
Der Löwe begehrte darauf die Schlauheit des Fuchses,
der Fuchs die Stärke und den Mut des Löwen;
der Hahn wünschte sich, fliegen zu können wie die Taube,
deren Schwingen schnell, kräftig und leicht seien;

The pigeon strength of wing despis'd,
And the cock's matchless valour priz'd:
The fishes wish'd to graze the plain,
The beasts to skim beneath the main.
Thus, envious of another's state,
Each blam'd the partial hand of Fate.

The bird of heav'n then cried aloud.
Jove bids disperse the murm'ring crowd:
The God rejects your idle prayers.
Would ye, rebellious mutineers,
Entirely change your name and nature,
And be the very envied creature?
What, silent all, and none consent!
Be happy then, and learn content.
Nor imitate the restless mind,
And proud ambition of mankind.

The Wild Boar and the Ram

Against an elm a sheep was tied,
The butcher's knife in blood was dyed;
The patient flock, in silent fright,
From far beheld the horrid sight;
A savage Boar, who near them stood,
Thus mock'd to scorn the fleecy brood.
All cowards should be serv'd like you.
See, see, your murd'rer is in view;
With purple hands and reeking knife
He strips the skin yet warm with life: 60
Your quarter'd sires, your bleeding dams, 61

die Taube aber, der an starken Schwingen nichts lag,
bewunderte die einzigartige Tapferkeit des Hahns.
Die Fische wollten gern auf den Feldern grasen,
die Vierbeiner unter die Wasseroberfläche tauchen können.
So beneidete ein jedes das andere um seine Lebensweise
und haderte mit der Ungunst des Schicksals.

Da rief der Himmelsvogel mit lauter Stimme:
«Jupiter befiehlt, daß die murrende Menge zerstreut werde!
Der Gott weist eure nichtigen Forderungen zurück.
Wollt ihr rebellischen Meuterer etwa
auch euern Namen und eure ganze Natur ändern
und gänzlich zu dem Wesen werden, das ihr beneidet?
Wie? Ihr bleibt alle stumm? Keiner mag zustimmen?
Dann seid endlich froh und lernt, zufrieden zu sein,
und macht euch nicht die Unbeständigkeit
und den überheblichen Ehrgeiz der Menschen zu eigen!»

Der Eber und der Widder

Ein Schaf ward an eine Ulme gebunden,
und das Schlachtermesser färbte sich mit Blut.
Stumm und furchtsam beobachtete die reglose Herde
von fern das grausige Schauspiel.
Ein wilder Eber, der in der Nähe war,
sprach höhnisch zu den pelzigen Tieren:
«So wie euch sollte es allen Feiglingen ergehen.
Seht nur, da steht euer Mörder!
Mit blutigen Händen und triefendem Messer
zieht er das noch warme Fell ab:
Eure gevierteilten Böcke, eure blutenden Mutterschafe,

The dying bleat of harmless lambs
Call for revenge. O stupid race!
The heart that wants revenge is base.
   I grant, an ancient Ram replies,
We bear no terror in our eyes,
Yet think us not of soul so tame,
Which no repeated wrongs inflame,
Insensible of ev'ry ill,
Because we want thy tusks to kill.
Know, those who violence pursue
Give to themselves the vengeance due,
For in these massacres they find
The two chief plagues that waste mankind.
Our skin supplies the wrangling bar,
It wakes their slumb'ring sons to war,
And well revenge may rest contented,
Since drums and parchment were invented.

The Shepherd's Dog and the Wolf

A Wolf, with hunger fierce and bold,
Ravag'd the plains and thinn'd the fold:
Deep in the wood secure he lay,
The thefts of night regal'd the day;
In vain the shepherd's wakeful care
Had spread the toils and watch'd the snare,
In vain the dog pursu'd his pace,
The fleeter robber mock'd the chase.
   As *Lightfoot* rang'd the forest round,
By chance his foe's retreat he found.

das letzte Blöken unschuldiger Lämmer
verlangen nach Rache. Oh, ihr törichte Rasse!
Ein Herz, das sich nicht nach Rache sehnt, ist verachtenswert.»
«Gewiß», versetzte da ein alter Widder,
«unsere Blicke sind nicht furchterregend,
doch darfst du nicht glauben, wir seien so fügsam,
daß fortwährendes Unrecht uns nicht erzürnte
und Übeltaten uns nicht berührten,
nur weil wir nicht deine Hauer besitzen, um damit zu töten.
Du mußt wissen, daß jene, die uns Gewalt antun,
sich in gebührender Weise selbst bestrafen,
denn aus diesen Massakern entstehen ihnen
die beiden großen Übel, welche die Menschheit auszehren:
Unsere Haut versorgt die streitsüchtige Zunft der Anwälte,
und ruft die träumenden jungen Männer in den Krieg.
So ist der Rache Genüge getan,
seit Trommeln und Pergament erfunden wurden.»

Der Schäferhund und der Wolf

Ein Wolf, den der Hunger wild und verwegen gemacht hatte,
zog plündernd durchs Land und brach in Schafspferche ein.
Tief im Wald, wo er sicher war, legte er sich dann nieder
und tat sich bei Tag an der Beute der Nacht gütlich.
Vergebens spannte der Schäfer, von Sorge schlaflos,
Fangnetze auf und beobachtete die Falle;
vergebens verfolgte der Schäferhund den Wolf:
Der Räuber war schneller und lachte dem Verfolger Hohn.
Als Leichtfuß den Wald durchstöberte,
stieß er zufällig auf das Versteck seines Feindes.

Let us awhile the war suspend,
And reason as from friend to friend.
A truce, replies the Wolf? 'Tis done.
The Dog the parley thus begun.
How can that strong intrepid mind
Attack a weak defenceless kind?
Those jaws should prey on nobler food,
And drink the boar's and lion's blood;
Great souls with gen'rous pity melt,
Which coward tyrants never felt:
How harmless is our fleecy care!
Be brave, and let thy mercy spare.
Friend, says the Wolf, the matter weigh.
Nature design'd us beasts of prey,
As such, when hunger finds a treat,
'Tis necessary wolves should eat.
If mindful of the bleating weal,
Thy bosom burn with real zeal,
Hence, and thy tyrant lord beseech,
To him repeat the moving speech;
A wolf eats sheep but now and then,
Ten thousands are devour'd by men.
An open foe may prove a curse,
But a pretended friend is worse.

«Laß uns vorübergehend Frieden schließen
und wie Freunde vernünftig miteinander reden.»
«Ein Waffenstillstand?» fragte der Wolf. «Einverstanden.»
Der Hund begann die Unterredung mit folgenden Worten:
«Wie kann nur einer, der so stark und furchtlos ist wie du,
jemanden angreifen, der schwach und schutzlos ist?
Mit deinen Fängen solltest du edlere Beute reißen
und das Blut des Ebers und des Löwen trinken.
Große Seelen lassen sich von edlem Mitleid erweichen,
welches feigen Tyrannen fremd ist.
Wie arglos sind doch unsere wolligen Schutzbefohlenen!
Sei so gut und verschone sie gnädig.»
«Mein Freund», sprach da der Wolf, «bedenke doch:
Die Natur hat uns als Raubtiere erschaffen,
und als solche müssen sich Wölfe, wenn sie hungrig sind
und etwas zu fressen gefunden haben, auch ernähren.
Wenn dir am Wohlergehen der blökenden Schafe gelegen ist
und der Wunsch, Gutes zu tun, in deinem Herzen brennt,
so geh zu deinem tyrannischen Herrn und bitte ihn!
Wiederhole vor ihm deine rührenden Worte.
Ein Wolf frißt nur ab und zu einmal ein Schaf,
doch die Menschen verschlingen zehntausende davon.
Ein Feind, der sich als solcher zeigt, mag eine Plage sein,
aber wer Freundschaft nur heuchelt, ist viel schlimmer.»

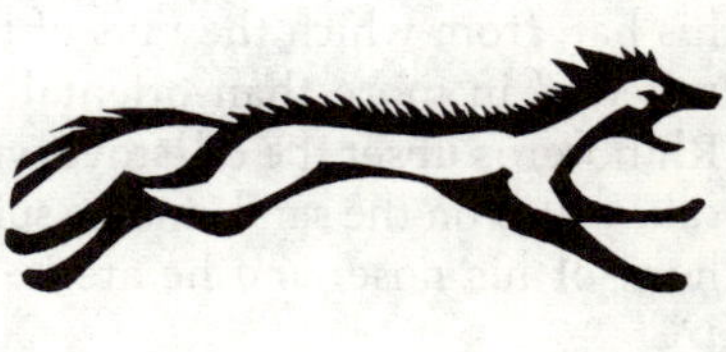

RUDYARD KIPLING

How the Rhinoceros got his Skin

Once upon a time, on an uninhabited island on the shores of the Red Sea, there lived a Parsee from whose hat the rays of the sun were reflected in more-than-oriental splendour. And the Parsee lived by the Red Sea with nothing but his hat and his knife and a cooking-stove of the kind that you must particularly never touch. And one day he took flour and water and currants and plums and sugar and things, and made himself one cake which was two feet across and three feet thick. It was indeed a Superior Comestible (that's Magic), and he put it on the stove because *he* was allowed to cook on that stove, and he baked it and he baked it till it was all done brown and smelt most sentimental. But just as he was going to eat it there came down to the beach from the Altogether Uninhabited Interior one Rhinoceros with a horn on his nose, two piggy eyes, and few manners. In those days the Rhinoceros's skin fitted him quite tight. There were no wrinkles in it anywhere. He looked exactly like a Noah's Ark Rhinoceros, but of course much bigger. All the same, he had no manners then, and he has no manners now, and he never will have any manners. He said, 'How!' and the Parsee left that cake and climbed to the top of a palm-tree with nothing on but his hat, from which the rays of the sun were always reflected in more-than-oriental splendour. And the Rhinoceros upset the oil-stove with his nose, and the cake rolled on the sand, and he spiked that cake on the horn of his nose, and he ate it, and he went away,

Wie das Nashorn zu seiner runzligen Haut kam

Vor langer, langer Zeit lebte auf einer unbewohnten Insel vor der Küste des Roten Meeres ein Perser, dessen Hut vom Sonnenlicht in mehr-als-morgenländischem Glanz erstrahlte. Und dieser Perser lebte am Roten Meer mit nichts als seinem Hut, seinem Messer und einem Ofen von der Sorte, die man auf *gar* keinen Fall anfassen darf! Und eines Tages nahm er Mehl und Wasser und Rosinen und Pflaumen und noch ein paar Sachen und machte sich einen Kuchen, der zwei Fuß breit und drei Fuß hoch war.

Es war eine ganz erlesene Köstlichkeit (das ist eben Zauberei!), und er stellte ihn auf den Ofen – denn *er* durfte ihn ja benutzen –, und er buk ihn und buk ihn, bis er rundherum braun war und ganz frohlockend duftete. Aber gerade als er ihn verspeisen wollte, da kam aus dem völlig unbewohnten Innern der Insel ein Nashorn an den Strand herunter, das hatte ein Horn auf der Nase, zwei Schweinsäuglein und ganz schlechte Manieren. In jenen Tagen paßte die Haut eines Nashorns noch wie angegossen. Nirgends gab es auch nur das kleinste Fältchen. Es sah ganz genauso aus wie das Nashorn von der Spielzeug-Arche-Noah, aber natürlich viel größer.

Wie dem auch sei, es hatte keine Manieren, und es hat auch jetzt keine Manieren und wird auch nie welche haben. Es sagte «Ho!», und der Perser ließ den Kuchen Kuchen sein und kletterte auf eine Palme, mit nichts bekleidet als seinem Hut, der im Sonnenlicht in morgenländischem Glanz erstrahlte. Und das Nashorn stieß den Petroleumofen mit seiner Nase um, so daß der Kuchen in den Sand rollte. Dann spießte es den Kuchen auf sein Horn, fraß ihn und

waving his tail, to the desolate and Exclusively Uninhabited Interior which abuts on the islands of Mazanderan, Socotra, and the Promontories of the Larger Equinox. Then the Parsee came down from his palm-tree and put the stove on its legs and recited the following *Sloka*, which, as you have not heard, I will now proceed to relate: –

> 'Them that takes cakes
> Which the Parsee-man bakes
> Makes dreadful mistakes.'

And there was a great deal more in that than you would think.

Because, five weeks later, there was a heat-wave in the Red Sea, and everybody took off all the clothes they had. The Parsee took off his hat; but the Rhinoceros took off his skin and carried it over his shoulder as he came down to the beach to bathe. In those days it buttoned underneath with three buttons and looked like a waterproof. He said nothing whatever about the Parsee's cake, because he had eaten it all; and he never had any manners, then, since, or henceforward. He waddled straight into the water and blew bubbles through his nose, leaving his skin on the beach.

Presently the Parsee came by and found the skin, and he smiled one smile that ran all round his face two times. Then he danced three times round the skin and rubbed his hands. Then he went to his camp and filled his hat with cake-crumbs, for the Parsee never ate anything but cake, and never swept out his camp. He took that skin, and he shook that skin, and he scrubbed that skin, and he rubbed that skin just as full of old, dry, stale, tickly cake-crumbs and some burned currants as ever it could possibly hold. Then he climbed to the top of his palm-tree and waited for the Rhinoceros to come out of the water and put it on.

verschwand schwanzwedelnd wieder im wüsten und ausschließlich unbewohnten Innern der Insel, das an die Inseln von Mazanderan, Socotra und die Ausläufer des Äquinoktialgebirges anstieß. Nun kam der Perser von seiner Palme herunter, stellte den Ofen wieder auf und sprach den folgenden Vers, den du sicher noch nicht kennst, so daß ich ihn jetzt wiedergeben will:

Wer den Kuchen verzehrt,
Der dem Perser gehört,
Handelt mehr als verkehrt.

Und daran war sehr viel mehr Wahres, als du für möglich halten möchtest . . .

Denn: Fünf Wochen später gab es am Roten Meer eine Hitzewelle, und alle zogen ihre Kleider aus. Der Perser nahm seinen Hut ab, und das Nashorn zog seine dicke Haut aus und trug sie über der Schulter, als es zum Baden an den Strand herunterkam. Damals sah sie nämlich aus wie ein Regenmantel und wurde unter dem Bauch mit drei Knöpfen zugeknöpft. Es verlor kein Wort über den Kuchen des Persers, den es aufgefressen hatte, aber es hatte ja auch keine Manieren – damals nicht und heute nicht und in Zukunft wohl auch nicht. Es ließ seine Haut am Strand liegen und watschelte geradewegs ins Wasser, wo es Luftblasen aus seiner Nase blubbern ließ.

Da eilte der Perser herbei und fand die Haut und grinste ein Grinsen, das von einem Ohr zum andern und wieder zurück reichte. Dann tanzte er dreimal um die Haut herum und rieb sich dabei die Hände. Dann ging er zu seinem Schlafplatz zurück und füllte seinen Hut mit Kuchenkrümeln, denn der Perser aß immer nur Kuchen und machte seinen Schlafplatz nie sauber. Und er griff die Haut, und er kniff die Haut, und er knüllte die Haut, und er füllte die Haut so voll wie nur möglich mit alten, trockenen, kratzenden, kitzelnden Kuchenkrümeln und auch ein paar angebrannten Rosinen. Dann kletterte er auf den Gipfel seiner Palme und wartete, daß das Nashorn aus dem Wasser käme und seine Haut wieder anzöge.

And the Rhinoceros did. He buttoned it up with the three buttons, and it tickled like cake-crumbs in bed. Then he wanted to scratch, but that made it worse; and then he lay down on the sands and rolled and rolled and rolled, and every time he rolled the cake-crumbs tickled him worse and worse and worse. Then he ran to the palm-tree and rubbed and rubbed and rubbed himself against it. He rubbed so much and so hard that he rubbed his skin into a great fold over his shoulders, and another fold underneath, where the buttons used to be (but he rubbed the buttons off), and he rubbed some more folds over his legs. And it spoiled his temper, but it didn't make the least difference to the cake-crumbs. They were inside his skin and they tickled. So he went home, very angry indeed and horribly scratchy; and from that day to this every rhinoceros has great folds in his skin and a very bad temper, all on account of the cake-crumbs inside.

But the Parsee came down from his palm-tree, wearing his hat, from which the rays of the sun were reflected in more-than-oriental splendour, packed up his cooking-stove, and went away in the direction of Orotavo, Amygdala, the Upland Meadows of Antananarivo, and the Marshes of Sonaput.

How the Whale got his Throat

In the sea, once upon a time, O my Best Beloved, there was a Whale, and he ate fishes. He ate the starfish and the garfish, and the crab and the dab, and the plaice and the dace, and the skate and his mate, and the mackereel and the pickereel, and the really truly twirly-whirly eel. All the fishes he could find in all the sea he ate with his mouth – so! Till at last
there was only one small fish left in all the sea, and 70
he was a small 'Stute Fish, and he swam a little 71

Und das Nashorn kam, und es knöpfte die drei Knöpfe zu, und auf einmal juckte es, wie nur Kuchenkrümel jucken. Da kratzte sich das Nashorn, aber das machte alles nur noch schlimmer. Und dann legte es sich in den Sand und wälzte sich und wälzte sich und wälzte sich, aber bei jedem Wälzen juckten die Krümel nur noch schlimmer und schlimmer und schlimmer. Da rannte es zu der Palme und rieb und rieb und rubbelte sich daran.

Und es rubbelte so sehr, daß seine Haut im Nacken eine ganz große Falte bekam und noch eine Falte am Bauch, wo die Knöpfe gewesen waren (denn die waren beim Rubbeln abgerissen), und auch über jedem Bein bekam es ein paar Falten. Und es wurde dabei ganz wütend, aber das machte den Krümeln gar nichts aus. Die saßen unter seiner Haut und juckten einfach weiter. Schließlich ging das Nashorn nachhause, ganz schrecklich wütend und furchtbar zerkratzt, und seitdem hat jedes Nashorn ganz große Falten und eine sehr schlechte Laune, und das alles wegen der Krümel unter seiner Haut.

Der Perser aber stieg von seiner Palme herunter, auf seinem Kopf den Hut, von dem das Sonnenlicht in mehr-als-morgenländischem Glanz zurückstrahlte, packte seinen Ofen zusammen und ging davon in Richtung auf Orotavo, Amygdala, die Hochlandweiden von Tananarive und die Sümpfe von Sonaput.

Wie der Walfisch seinen engen Schlund bekam

Es lebte einmal im Meer ein Walfisch, mein Liebling, und der aß Fische. Er aß den Hai und den Schlei, die Groppe und die Koppe, den Barsch und den Dorsch, den Stint mitsamt Kind, Makrele und Garnele und den schnellen, schlängelschlanken Aal. Alle Fische, die er in allen Meeren nur finden konnte, verschlang er mit seinem Maul – so! –

bis am Ende in allen Meeren nur noch ein kleines Fischlein übrig war, und das war ein kluges kleines Fischlein, das hinter dem rechten Ohr des

behind the Whale's right ear, so as to be out of harm's way. Then the Whale stood up on his tail and said, 'I'm hungry.' And the small 'Stute Fish said in a small 'stute voice, 'Noble and generous Cetacean, have you ever tasted Man?'

'No,' said the Whale. 'What is it like?'

'Nice,' said the small 'Stute Fish. 'Nice but nubbly.'

'Then fetch me some,' said the Whale, and he made the sea froth up with his tail.

'One at a time is enough,' said the 'Stute Fish. 'If you swim to latitude Fifty North, longitude Forty West (that is Magic), you will find, sitting *on* a raft, *in* the middle of the sea, *with* nothing on but a pair of blue canvas breeches, a pair of suspenders (you must *not* forget the suspenders, Best Beloved), and a jack-knife, one shipwrecked Mariner, who, it is only fair to tell you, is a man of infinite-resource-and-sagacity.'

So the Whale swam and swam to latitude Fifty North, longitude Forty West, as fast as he could swim, and *on* a raft, *in* the middle of the sea, *with* nothing to wear except a pair of blue canvas breeches, a pair of suspenders (you must particularly remember the suspenders, Best Beloved), *and* a jack-knife, he found one single, solitary shipwrecked Mariner trailing his toes in the water. (He had his Mummy's leave to paddle, or else he would never have done it, because he was a man of infinite-resource-and-sagacity.)

Then the Whale opened his mouth back and back

Wals schwamm, wo ihm nichts passieren konnte. Da richtete sich der Wal auf seinem Schwanz auf und rief: «Ich habe Hunger!» und das kluge kleine Fischlein sagte mit seinem klugen Stimmchen: «Edler und großmütiger Meeressäuger, hast du schon mal einen Menschen gekostet?»

«Nein», sagte der Wal. «Wie schmeckt das?»

«Köstlich», sagte der kluge kleine Fisch. «Köstlich, aber knubbelig.»

«Dann bring mir welche», sagte der Wal und wühlte mit seinem Schwanz das Meer auf, daß es schäumte.

«Einer ist genug auf einmal», sagte das kluge kleine Fischlein. «Schwimm zum fünfzigsten Grad nördlicher Breite und vierzigsten Grad westlicher Länge (das sind Zauberzahlen), dann findest du dort auf einem Floß mitten im Meer, mit nichts außer einer blauen Segeltuchhose, einem Paar Hosenträger (die Hosenträger mußt du dir gut merken, mein Liebling) und einem Taschenmesser ausgerüstet, einen schiffbrüchigen Matrosen, aber ich muß dir sagen, daß er ein Mann von unendlicher List und Klugheit ist.»

Also schwamm der Walfisch zum fünfzigsten Grad nördlicher Breite und vierzigsten Grad westlicher Länge, und schwamm und schwamm, so schnell er nur konnte. Und da, auf einem Floß mitten im Meer, mit nichts am Leibe außer einer blauen Segeltuchhose, einem Paar Hosenträger (die Hosenträger darfst du auf keinen Fall vergessen, mein Liebling) und einem Taschenmesser, fand er einen einzelnen, einsamen schiffbrüchigen Matrosen, der seine Füße ins Wasser hängen ließ. (Seine Mama hatte ihm ausdrücklich erlaubt zu planschen, sonst hätte er das nie getan, denn er war ja ein Mann von unendlicher List und Klugheit.)

Da riß der Wal sein Maul ganz, ganz, ganz weit auf, beinahe

and back till it nearly touched his tail, and he swallowed the shipwrecked Mariner, and the raft he was sitting on, and his blue canvas breeches, and the suspenders (which you *must* not forget), *and* the jack-knife. He swallowed them all down into his warm, dark, inside cupboards, and then he smacked his lips – so, and turned round three times on his tail.

But as soon as the Mariner, who was a man of infinite-resource-and-sagacity, found himself truly inside the Whale's warm, dark, inside cupboards, he stumped and he jumped and he thumped and he bumped, and he pranced and he danced, and he banged and he clanged, and he hit and he bit, and he leaped and he creeped, and he prowled and he howled, and he hopped and he dropped, and he cried and he sighed, and he crawled and he bawled, and he stepped and he lepped, and he danced hornpipes where he shouldn't, and the Whale felt most unhappy indeed. (*Have* you forgotten the suspenders?)

So he said to the 'Stute Fish, 'This man is very nubbly, and besides he is making me hiccough. What shall I do?'

'Tell him to come out,' said the 'Stute Fish.

So the Whale called down his own throat to the shipwrecked Mariner, 'Come out and behave yourself. I've got the hiccoughs.'

'Nay, nay!' said the Mariner. 'Not so, but far otherwise. Take me to my natal-shore and the white-cliffs-of-Albion, and I'll think about it.' And he began
to dance more than ever. 74
'You had better take him home,' said the 'Stute 75

bis zum Schwanz, und verschlang den Matrosen und das Floß, auf dem er saß, und seine blauen Segeltuchhosen und die Hosenträger (die du bitte nicht vergessen darfst) und das Taschenmesser. Er schluckte das alles in die warmen, dunklen Kammern in seinem Innern hinein, und dann leckte er sich die Lippen – so! – und drehte sich dreimal auf seinem Schwanz herum.

Kaum war aber der Matrose, ein Mann von unendlicher List und Klugheit, ganz innen drinnen in den warmen, dunklen Kammern im Innern des Wals, da fing er an zu stechen und zu brechen und zu dreschen und zu preschen und zu gehen und zu drehen und zu drücken und zu zwicken und zu treten und zu kneten und zu pfeifen und zu kneifen –

und er krauchte und fauchte und hupfte und zupfte, und er knuffte und puffte und knatterte und ratterte und schnatterte und flatterte und tanzte Polka, wo es verboten war, und der Walfisch fühlte sich sehr, sehr unwohl. (Du hast doch nicht etwa die Hosenträger vergessen?)

Deshalb sagte er zu dem klugen kleinen Fisch: «Dieser Mensch ist sehr knubbelig, und außerdem bekomme ich von ihm den Schluckauf. Was soll ich nur machen?»

«Sag, er soll rauskommen», sagte der kluge kleine Fisch.

Also rief der Wal in seinen Bauch hinein, wo der schiffbrüchige Matrose war: «Komm heraus und benimm dich! Ich habe schon Schluckauf.»

«Oh nein!» sagte der Matrose. «So nicht, sondern ganz anders: Bring mich erst an den heimischen Strand und zu den weißen Klippen Albions, dann überlege ich mir's.» Und er tanzte noch wilder als zuvor.

«Es ist besser, du bringst ihn nachhause», sagte der kluge

Fish to the Whale. 'I ought to have warned you that he is a man of infinite-resource-and-sagacity.'

So the Whale swam and swam and swam, with both flippers and his tail, as hard as he could for the hiccoughs; and at last he saw the Mariner's natal-shore and the white-cliffs-of-Albion, and he rushed half-way up the beach, and opened his mouth wide and wide and wide, and said, 'Change here for Winchester, Ashuelot, Nashua, Keene, and stations on the *Fitch*burg Road'; and just as he said 'Fitch' the Mariner walked out of his mouth. But while the Whale had been swimming, the Mariner, who was indeed a person of infinite-resource-and-sagacity, had taken his jack-knife and cut up the raft into a little square grating all running criss-cross, and he had tied it firm with his suspenders (*now* you know why you were not to forget the suspenders!), and he dragged that grating good and tight into the Whale's throat, and there it stuck! Then he recited the following *Sloka*, which, as you have not heard it, I will now proceed to relate: –

> 'By means of a grating
> I have stopped your ating.'

For the Mariner he was also an Hi-ber-ni-an. And he stepped out on the shingle, and went home to his Mother, who had given him leave to trail his toes in the water; and he married and lived happily ever afterward. So did the Whale. But from that day on, the grating in his throat, which he could neither cough up nor swallow down, prevented him eating anything except very, very small fish; and that is the reason why whales nowadays never eat men or boys or little girls.

The small 'Stute Fish went and hid himself in the mud under the Door-sills of the Equator. He was afraid that the Whale might be angry with him.

kleine Fisch zum Wal. «Ich hätte dir gleich sagen sollen, daß er ein Mann von unendlicher List und Klugheit ist.»

Der Walfisch schwamm also los und ruderte und ruderte mit Flossen und Schwanz, so schnell er es bei seinem Schluckauf konnte, und endlich erblickte er den heimischen Strand des Matrosen und die weißen Klippen Albions, und er schwamm noch halb auf den Strand und riß seinen Rachen ganz, ganz, ganz weit auf und sagte: «Umsteigen nach Winchester, Ashuelot, Nashua, Keene und Haltestellen an der Fitchburg Road.» Und gerade als er «Fitch» sagte, kam der Matrose aus seinem Rachen spaziert. Aber unterwegs, während der Walfisch noch schwamm, hatte der Matrose, der tatsächlich ein Mann von unendlicher List und Klugheit war, sein Messer genommen und aus dem Floß ein kleines viereckiges Gitter mit kreuz und quer liegenden Stäben gemacht, die er mit seinen Hosenträgern fest zusammenband (jetzt weißt du endlich, warum du die Hosenträger nicht vergessen solltest), und dieses Gitter schob er tief und fest in den Rachen des Wals, und dort blieb es stecken! Dann sagte er folgenden Vers auf, den du sicher noch nie gehört hast, so daß ich ihn jetzt wiedergeben will:

> Du hast zuviel gefressen, und
> Drum kommt das Gitter in den Schlund.

Denn der Matrose war auch ein Ire und also ein Dichter. Und er betrat den Kieselstrand und ging nach Hause zu seiner Mutter, die ihm erlaubt hatte, die Füße ins Wasser hängen zu lassen. Und später heiratete er und lebte stets glücklich und zufrieden. Das gleiche tat der Wal. Aber von diesem Tage an – mit dem Gitter im Hals, das sich weder heraushusten noch hinunterschlucken ließ – konnte er nur noch ganz, ganz kleine Fische fressen; und deswegen fressen Wale heutzutage niemals Männer oder kleine Jungen oder kleine Mädchen.

Der kluge kleine Fisch aber schwamm davon und versteckte sich im Schlamm unter der Türschwelle des Äquators, denn er hatte Angst, der Wal könnte ihm böse sein.

The Sailor took the jack-knife home. He was wearing the blue canvas breeches when he walked out on the shingle. The suspenders were left behind, you see, to tie the grating with; and that is the end of *that* tale.

Der Matrose nahm sein Taschenmesser mit nachhause. Wenn er an den Strand kam, hatte er seine blauen Segeltuchhosen an. Aber die Hosenträger hatte er zurückgelassen, denn du weißt ja: damit hatte er die Gitterstäbe verknüpft. Und nun ist diese Geschichte zu Ende.

WILLIAM SAROYAN

The Carpenter

My Grandmother Lucy, to illustrate the awful loveliness of faith in God and goodness, and the absurdity of despair, tells the story of the carpenter of many hundreds of years ago who, on his way home one evening, was stopped by a friend who said, My brother, why are you so down in face?

You too would feel as I do, the carpenter said, if you were in my position.

What is it? his friend said.

By tomorrow morning, the carpenter said, I must have eleven thousand eleven hundred and eleven pounds of fine hardwood sawdust for the king or I will lose my head.

The carpenter's friend smiled and put his arm around the carpenter's shoulders.

My friend, he said, be light of heart. Let us go eat and drink and forget tomorrow. The great God shall remember for us while we worship.

So they went to the carpenter's home where they found the carpenter's wife and children in tears. This was stopped with eating, drinking, talking, singing, dancing, and all manner of faith in God and goodness. In the midst of laughter, the carpenter's wife began to weep and said, So, my husband, in the morning you are to lose your head and we are all enjoying the goodness of life. So it's that way.

Remember God, the carpenter said, and the worship continued.

All night they celebrated and when light pierced darkness and it was day, everyone became silent and

Der Zimmermann

Als Beispiel dafür, wie wunderbar der Glaube an Gott und das Gute und wie töricht die Verzweiflung ist, erzählt meine Großmutter Lucy die Geschichte von dem Zimmermann, der vor vielen hundert Jahren lebte und der eines Abends auf dem Nachhauseweg von einem Freund angehalten wurde, der ihn fragte: «Mein Bruder, was machst du ein so trauriges Gesicht?»

«Dir wäre ebenso zumute», entgegnete der Zimmermann, «wenn du an meiner Stelle wärst.»

«Was hast du?» fragte sein Freund.

«Ich muß bis morgen früh elftausendelfhundertelf Pfund feinsten Sägemehls von Hartholz für den König herstellen, sonst verliere ich meinen Kopf.»

Da lächelte der Freund des Zimmermanns und legte den Arm um seine Schultern.

«Mein Freund», sagte er, «sei heiter. Laß uns essen und trinken und das Morgen vergessen. Gott ist groß und wird für uns daran denken, während wir ihm zu Ehren feiern.»

Also gingen sie zu des Zimmermanns Haus, wo sie dessen Weib und Kinder in Tränen fanden. Dem ward abgeholfen mit Essen, Trinken, Reden, Singen, Tanzen und vielerlei Beweisen des Vertrauens auf Gott und das Gute. Als sie so lachten, fing die Frau des Zimmermanns zu weinen an und sagte: «Ach, lieber Mann, morgen früh sollst du deinen Kopf verlieren, und wir erfreuen uns hier des schönen Lebens. Ach, so ist das ...»

«Vergiß Gott nicht», sagte der Zimmermann, und das fromme Fest ging weiter.

Sie feierten die ganze Nacht hindurch, und als das Licht die Dunkelheit durchdrang und es tagte, verstummten alle und

stricken with fear and grief. From the king came his men knocking softly at the door of the carpenter's house, and the carpenter said, Now I go to die, and opened the door.

Carpenter, they said, the king is dead. Build him a coffin.

Turtle and Lion, Flea and Elephant

To return small people with pretensions to greatness to their normal size, my Uncle Aram tells the story of the lion wounded by the bullet of a hunter, roaring with pain and on the verge of coming to death. Came the small slow-moving turtle to the lion and said, What is your pain? I have been shot by a hunter, the lion said.

The turtle became angry and said, May the arms of such men be broken who come to injure magnificent creatures of the earth like us. Brother turtle, the lion said, let me tell you the injury of the hunter pains me less than what you have just said. And then the lion died.

On this same theme, he tells also the story of the flea in the elephant's ear as the elephant walked across a bridge. My friend, the flea said, when enormities like us cross a bridge it shakes with our mightiness.

wurden von Furcht und Schmerz ergriffen. Da kamen die Männer des Königs und pochten leise an die Tür des Zimmermanns, und der Zimmermann sprach: «Nun gehe ich, um zu sterben» und öffnete.

«Zimmermann», sagten sie zu ihm, «der König ist tot. Mach ihm einen Sarg.»

Schildkröte und Löwe, Floh und Elefant

Um Leute, die sich für etwas Besonderes halten, wieder auf ihr normales Maß zu bringen, erzählt mein Onkel Aram die Geschichte von dem Löwen, den die Kugel eines Jägers verwundet hatte und der, dem Tod schon nahe, vor Schmerzen brüllte. Da näherte sich die kleine, langsame Schildkröte dem Löwen und fragte: «Was tut dir denn so weh?» «Ich bin von einem Jäger angeschossen worden», antwortete der Löwe. Da wurde die Schildkröte zornig und sagte: «Möge der Arm des Menschen brechen, der daherkommt und so erhabenen Geschöpfen der Erde wie uns ein Leid antut!» «Liebe Schildkröte», entgegnete der Löwe, «ich muß sagen, daß mich die Verwundung durch den Jäger weniger schmerzt als das, was du da gerade gesagt hast.» Und kurz darauf war der Löwe tot.

Zu demselben Thema erzählt er auch die Geschichte von dem Floh, der im Ohr des Elefanten saß, während dieser eine Brücke überquerte. «Mein Freund», sagte der Floh, «wenn Kolosse wie wir über eine Brücke gehen, erzittert sie unter unserer gewaltigen Größe.»

The Cart-Horses and the Saddle-Horse

Two cart-horses, a gelding and a mare, were brought to Samoa, and put in the same field with a saddle-horse to run free on the island. They were rather afraid to go near him, for they saw he was a saddle-horse, and supposed he would not speak to them.

Now the saddle-horse had never seen creatures so big. "These must be great chiefs," thought he, and he approached them civilly. "Lady and gentleman," said he, "I understand you are from the colonies. I offer you my affectionate compliments, and make you heartily welcome to the islands."

The colonials looked at him askance, and consulted with each other.

"Who can he be?" said the gelding.

"He seems suspiciously civil," said the mare.

"I do not think he can be much account," said the gelding.

"Depend upon it he is only a Kanaka," said the mare.

Then they turned to him.

"Go to the devil!" said the gelding.

"I wonder at your impudence, speaking to persons of our quality!" cried the mare.

The saddle-horse went away by himself. "I was 84
right," said he, "they are great chiefs." 85

Die Zugpferde und das Reitpferd

Zwei Zugpferde, ein Wallach und eine Stute, wurden nach Samoa gebracht und kamen dort gemeinsam mit einem Reitpferd auf eine Weide, wo sie frei herumlaufen konnten. Sie hatten aber Angst, sich dem Reitpferd zu nähern, denn sie merkten, daß es eines war, und nahmen an, daß es nicht mit ihnen sprechen werde.

Nun hatte das Reitpferd noch nie zwei so starke Tiere gesehen. «Das müssen große Häuptlinge sein», dachte es und sprach sie sehr höflich an. «Meine Dame, mein Herr», sagte es, «wie ich höre, kommen Sie aus den Kolonien. Ich entbiete Ihnen meinen ergebensten Gruß und heiße Sie auf den Inseln herzlich willkommen.»

Die aus den Kolonien warfen ihm einen mißtrauischen Blick zu und berieten sich.

«Wer kann das nur sein?» fragte der Wallach.

«Mir kommt seine Höflichkeit verdächtig vor», sagte die Stute.

«Er kann niemand sehr Bedeutendes sein», meinte der Wallach.

«Bestimmt ist er nur ein Eingeborener», sagte die Stute.

Dann wandten sie sich zu ihm.

«Scher dich zum Teufel!» sagte der Wallach.

«Wie kannst du so unverschämt sein, Personen unseres Ranges anzusprechen!» rief die Stute aus.

Einsam ging das Reitpferd davon. «Ich hatte also recht», dachte es. «Sie sind große Häuptlinge.»

The Citizen and the Traveller

"Look round you," said the citizen. "This is the largest market in the world."

"O, surely not," said the traveller.

"Well, perhaps not the largest," said the citizen, "but much the best."

"You are certainly wrong there," said the traveller. "I can tell you . . ."

They buried the stranger at the dusk.

The Devil and the Innkeeper

Once upon a time the devil stayed at an inn, where no one knew him, for they were people whose education had been neglected. He was bent on mischief, and for a time kept everybody by the ears. But at last the innkeeper set a watch upon the devil and took him in the fact.

The innkeeper got a rope's end.

"Now I'm going to thrasch you," said the innkeeper.

"You have no right to be angry with me," said the devil. "I am only the devil, and it is my nature to do wrong."

"Is that so?" asked the innkeeper.

"Fact, I assure you," said the devil.

"You really can't help doing ill?" asked the innkeeper.

"Not in the smallest," said the devil; "it would be useless cruelty to thrash a thing like me."

"It would indeed," said the innkeeper.

And he made a noose and hanged the devil.

"There!" said the innkeeper.

Der Städter und der Reisende

«Sieh dich um», sagte der Städter. «Das hier ist der größte Markt der Welt.»

«Oh, ganz gewiß nicht!» entgegnete der Reisende.

«Nun, vielleicht nicht der größte», sagte der Städter, «aber bei weitem der beste.»

«Da irrst du dich aber!» erwiderte der Reisende. «Ich sage dir...»

Sie begruben den Fremden bei Einbruch der Nacht.

Der Teufel und der Gastwirt

Einst quartierte sich der Teufel in einem Wirtshaus ein, wo ihn keiner kannte, denn sie waren dort Leute, für deren Bildung man wenig getan hatte. Er war auf Missetaten aus, und eine Zeitlang stiftete er Unfrieden unter ihnen. Schließlich aber lauerte der Wirt dem Teufel auf und ertappte ihn auf frischer Tat.

Der Wirt holte einen Strick.

«Jetzt werde ich dich durchprügeln», sagte der Wirt.

«Du darfst mir nicht böse sein», sagte der Teufel. «Ich bin doch der Teufel, und es liegt in meinem Wesen, Unrecht zu tun.»

«Wirklich?» fragte der Wirt.

«Tatsache! Ganz bestimmt», sagte der Teufel.

«Du kannst also nicht anders, als Schlimmes zu tun?» erkundigte sich der Wirt.

«Nein, ganz und gar nicht», sagte der Teufel. «Es wäre grausam und sinnlos, so einen wie mich durchzuprügeln.»

«Das glaube ich auch», sagte der Wirt.

Und er knüpfte eine Schlinge und hängte den Teufel auf.

«Das hast du davon!» sagte der Wirt.

The Two Matches

One day there was a traveller in the woods in California, in the dry season, when the trades were blowing strong. He had ridden a long way, and he was tired and hungry, and dismounted from his horse to smoke a pipe. But when he felt in his pocket he found but two matches. He struck the first, and it would not light.

"Here is a pretty state of things!" said the traveller. "Dying for a smoke; only one match left; and that certain to miss fire! Was there ever a creature so unfortunate? And yet," thought the traveller, "suppose I light this match, and smoke my pipe, and shake out the dottle here in the grass – the grass might catch fire, for it is dry like tinder; and while I snatch out the flames in front, they might evade and run behind me, and seize upon yon bush of poison oak; before I could reach it, that would have blazed up; over the bush I see a pinetree hung with moss; that, too, would fly in fire upon the instant to its topmost bough; and the flame of that long torch – how would the trade-wind take and brandish that through the inflammable forest! I hear this dell roar in a moment with the joint voice of wind and fire, I see myself gallop for my soul, and the flying conflagration chase and outflank me through the hills; I see this pleasant forest burn for days, and the cattle roasted, and the springs dried up, and the farmer ruined, and his children cast upon the world. What a world hangs upon this moment!"

With that he struck the match, and it missed fire.

"Thank God!" said the traveller, and put his pipe in his pocket.

Die zwei Streichhölzer

Es war einmal ein Mann, der durch die kalifornischen Wälder zog, und zwar während der Trockenzeit, als gerade ein starker Passatwind wehte. Er war müde und hungrig, da er schon weit geritten war, und stieg von seinem Pferd, um eine Pfeife zu rauchen. Als er aber in die Tasche griff, fand er nur noch zwei Streichhölzer. Er nahm das erste, doch es wollte nicht brennen.

«Eine schöne Bescherung!» sagte der Reisende. «Ich würde zu gern etwas rauchen, aber es ist nur noch ein Streichholz übrig, und das brennt bestimmt auch nicht. Soviel Pech kann auch nur ich haben! Andererseits –», dachte der Reisende, «angenommen, ich reibe das Streichholz an und rauche meine Pfeife und klopfe sie hier im Gras aus ... Das Gras könnte anfangen zu brennen, denn es ist trocken wie Zunder. Und während ich noch die Flammen vor mir austreten will, könnten sie sich ausbreiten und hinter mir auf den Busch dort übergreifen. Noch ehe ich zur Stelle wäre, stünde er schon in Flammen. Über dem Busch sehe ich eine moosbehangene Kiefer. Auch diese würde im Nu hinauf bis zu den höchsten Ästen brennen – und wie würde dann erst der Passat die Flammen dieser riesigen Fackel in den leicht zu entzündenden Wald tragen! Ich höre schon, wie Wind und Feuer in kürzester Zeit in diesem Tal tosen, und ich sehe mich um mein Leben galoppieren, während die Feuersbrunst mich durch die Berge verfolgt und links und rechts überholt. Ich sehe diese schönen Wälder tagelang brennen. Rinder werden geröstet, die Quellen versiegen, Farmer sind ruiniert, ihre Kinder in alle Welt vertrieben. Wieviel hängt doch von diesem kurzen Augenblick ab!»

Mit diesen Worten rieb er das Streichholz an, aber es brannte nicht.

«Gott sei Dank!» sagte der Reisende und steckte die Pfeife wieder ein.

The Tadpole and the Frog

"Be ashamed of yourself," said the frog. "When I was a tadpole, I had no tail."

"Just what I thought!" said the tadpole. "You never were a tadpole."

Die Kaulquappe und der Frosch

«Schäm dich!» sagte der Frosch. «Als ich noch eine Kaulquappe war, habe ich keinen Schwanz getragen.»

«Genau wie ich es mir gedacht habe!» antwortete die Kaulquappe. «Du warst überhaupt nie eine Kaulquappe.»

JONATHAN SWIFT

The Beasts' Confession to the Priest

When beasts could speak, (the learned say
They still can do so every day,)
It seems, they had religion then,
As much as now we find in men.
It happen'd, when a plague broke out,
(Which therefore made them more devout,)
The king of brutes (to make it plain,
Of quadrupeds I only mean)
By proclamation gave command,
That every subject in the land
Should to the priest confess their sins;
And thus the pious Wolf begins:

Good father, I must own with shame,
That often I have been to blame:
I must confess, on Friday last,
Wretch that I was! I broke my fast:
But I defy the basest tongue
To prove I did my neighbour wrong;
Or ever went to seek my food,
By rapine, theft, or thirst of blood.
  The Ass approaching next, confess'd,
That in his heart he loved a jest:

A wag he was, he needs must own,
And could not let a dunce alone:
Sometimes his friend he would not spare,
And might perhaps be too severe:
But yet the worst that could be said,
He was a wit both born and bred;
And, if it be a sin and shame,
Nature alone must bear the blame:
One fault he has, is sorry for't,
His ears are half a foot too short;
Which could he to the standard bring, 92
He'd show his face before the king: 93

Das Sündenbekenntnis der Tiere

Als die Tiere noch sprechen konnten (die Gelehrten sagen,
sie können es auch heute noch),
da waren sie, wie es scheint, genauso fromm
wie die Menschen unserer Tage.
So geschah es, als einmal die Pest ausbrach
(was sie nur noch frömmer machte),
daß der König der wilden Tiere (um es klar zu sagen:
ich meine nur die Vierbeiner)
eine Bekanntmachung herausgab und befahl,
alle Untertanen im Lande
sollten einem Priester ihre Sünden beichten.
Der fromme Wolf begann daraufhin folgendermaßen:
«Ehrwürdiger Vater, ich muß beschämt bekennen,
daß ich oft Tadelnswertes getan habe:
Ich gestehe, daß ich am vergangenen Freitag –
Schurke, der ich bin! – mein Fasten gebrochen habe.
Aber auch das übelste Schandmaul kann mir
nicht nachsagen, ich hätte meinem Nächsten Unrecht getan
oder hätte mir meine Mahlzeit durch Räuberei,
Diebstahl oder Blutvergießen beschafft.»
Als nächster trat der Esel vor und bekannte,
daß er für sein Leben gern Scherze treibe.
Er müsse zugeben, ein Witzbold zu sein
und Dummköpfe nicht in Ruhe lassen zu können.
Manchmal verschone er nicht einmal seine Freunde
und verfahre vielleicht ein wenig streng mit ihnen.
Doch alles, was man ihm vorwerfen könne, sei,
daß er von Natur aus Witz besitze,
und wenn das eine Sünde und Schande sein sollte,
dann müsse man das der Natur zum Vorwurf machen.
Einen Fehler habe er allerdings und bedaure ihn auch:
Seine Ohren seien einen halben Fuß zu kurz.
Wenn er die auf das vorgeschriebene Maß bringen könnte,
würde er sich sogar dem König zeigen.

Then for his voice, there's none disputes
That he's the nightingale of brutes.
The Swine with contrite heart allow'd,

His shape and beauty made him proud:
In diet was perhaps too nice,
But gluttony was ne'er his vice:
In every turn of life content,
And meekly took what fortune sent:
Inquire through all the parish round,
A better neighbour ne'er was found;
His vigilance might some displease;
'Tis true, he hated sloth like pease.
The mimic Ape began his chatter,

How evil tongues his life bespatter;
Much of the censuring world complain'd,
Who said, his gravity was feign'd:
Indeed, the strictness of his morals
Engaged him in a hundred quarrels:
He saw, and he was grieved to see't,
His zeal was sometimes indiscreet:
He found his virtues too severe
For our corrupted times to bear;
Yet such a lewd licentious age
Might well excuse a stoic's rage.
The Goat advanced with decent pace,

And first excused his youthful face;
Forgiveness begg'd that he appear'd
('Twas Nature's fault) without a beard.
'Tis true, he was not much inclined
To fondness for the female kind:
Not, as his enemies object,
From chance, or natural defect;
Not by his frigid constitution:
But through a pious resolution:
For he had made a holy vow
Of Chastity, as monks do now:
Which he resolved to keep for ever hence 94
And strictly too, as doth his reverence. 95

Was seine Stimme betreffe, so stehe es außer Frage,
daß er die Nachtigall unter den Vierbeinern sei.
Das Schwein gab voll Zerknirschung zu,
seine Gestalt und Schönheit machten es stolz.
In der Wahl seiner Speisen sei es vielleicht zu anspruchsvoll,
aber Völlerei gehöre nicht zu seinen Lastern.
Es sei mit dem Leben in jeder Hinsicht zufrieden
und nehme demütig an, was das Schicksal ihm beschere.
Man könne sich überall in der Gemeinde erkundigen:
Einen besseren Nachbarn gebe es nicht.
Gewiß, seine Wachsamkeit könnte manchen mißfallen,
aber Trägheit verabscheue es nun einmal wie Erbsen.
Der Affe, der jeden nachahmt, begann zu schwatzen
böse Zungen verleumdeten ihn.
Er beklagte sich sehr über die mißgünstige Welt,
die behaupte, sein feierlicher Ernst sei nur gespielt,
obwohl seine strenge Moralauffassung
ihn doch schon hundertmal in Streitereien verwickelt habe.
Er sehe ja ein, und es betrübe ihn,
daß er manchmal über das Ziel hinausschieße.
Seine Vorstellungen von Tugend seien eben zu streng,
als daß unsere verkommene Zeit sie ertragen könnte.
Dabei stehe es einem Jahrhundert des Sittenverfalls wohl an,
einem Stoiker seinen Zorn nachzusehen.
Mit zierlichem Schritt trat nun der Ziegenbock vor
und entschuldigte sich gleich für sein jugendliches Aussehen.
Er bat um Nachsicht dafür, daß er
(es sei ein Fehler der Natur) ohne Bart erscheine.
Gewiß, dem weiblichen Geschlecht
sei er nicht besonders zugetan –
aber nicht etwa, wie seine Gegner behaupteten,
aufgrund eines zufälligen oder angeborenen Gebrechens
oder einer temperamentlosen Veranlagung,
sondern aufgrund eines frommen Entschlusses:
Er habe nämlich einen heiligen Schwur
der Keuschheit abgelegt, wie es die Mönche heute tun,
und diesen wolle er auf alle Zeit halten,
und zwar streng, so wie der Herr Pfarrer.

Apply the tale, and you shall find,
How just it suits with human kind.
Some faults we own; but can you guess?
– Why, virtue's carried to excess,
Wherewith our vanity endows us,
Though neither foe nor friend allows us.
The Lawyer swears (you may rely on't)
He never squeezed a needy client;
And this he makes his constant rule,
For which his brethren call him fool;
His conscience always was so nice,
He freely gave the poor advice;
By which he lost, he may affirm,
A hundred fees last Easter term;
While others of the learned robe,
Would break the patience of a Job.
No pleader at the bar could match
His diligence and quick dispatch;
Ne'er kept a cause, he well may boast,
Above a term or two at most.

The cringing knave, who seeks a place
Without success, thus tells his case:
Why should he longer mince the matter?
He fail'd, because he could not flatter;
He had not learn'd to turn his coat,
Nor for a party give his vote:
His crime he quickly understood;
Too zealous for the nation's good:
He found the ministers resent it,
Yet could not for his heart repent it.
The Chaplain vows, he cannot fawn,
Though it would raise him to the lawn:
He pass'd his hours among his books;
You find it in his meagre looks:
He might, if he were worldly wise,
Preferment get, and spare his eyes;
But owns he had a stubborn spirit,
That made him trust alone to merit;

Wendet nun diese Geschichte an, und ihr werdet sehen,
wie gut sie auf die Menschheit paßt.
Ein paar Fehler geben wir ja zu, aber – na, erratet ihr's?
Nun, wir brüsten uns hemmungslos mit den Tugenden,
mit denen unsere eitle Einbildung uns ausstattet,
die uns aber sonst weder Freund noch Feind zubilligt.

Der Anwalt schwört (da könnt ihr sicher sein),
er habe noch nie einen armen Mandanten ausgequetscht,
und an diese Regel halte er sich so fest,
daß seine Standeskollegen ihn als Narren bezeichneten.
Sein Gewissen sei so empfindlich,
daß er den Armen kostenlosen Rat erteile,
wodurch ihm, wie er versichert,
im letzten Osterquartal hundertmal Honorar entging.
Während andere gelehrte Robenträger
die Geduld eines Hiob auf die Probe stellten,
könne sich kein Anwalt bei Gericht mit ihm messen,
was Fleiß und schnelle Erledigung der Fälle betrifft.
Er dürfe sich rühmen, keinen Prozeß länger
als ein oder höchstens zwei Quartale geführt zu haben.

Der skrupellose Speichellecker, der vergebens
ein Pöstchen sucht, stellt seinen Fall so dar:
Warum sollte er lange um den heißen Brei herumreden?
Er habe nichts erreicht, weil er nicht schmeicheln könne.
Er habe nicht gelernt, den Mantel in den Wind zu hängen
oder für eine bestimmte Partei zu stimmen.
Er habe schnell begriffen, worin sein Fehler bestand:
Das Wohl der Nation liege ihm zu sehr am Herzen,
und das, so wisse er jetzt, mißfalle den Ministern.
Er könne jedoch beim besten Willen keine Reue empfinden.

Der Kaplan schwört, er könne sich nicht anbiedern,
auch wenn ihm das die Stellung eines Bischofs einbrächte.
Er verbringe seine Zeit über den Büchern –
wie man an seiner mageren Gestalt sieht.
Wenn er mehr an sich dächte, könnte er
befördert werden und seine Augen künftig schonen,
doch er gibt zu, eigenwillig zu sein
und aussschließlich auf seine Verdienste zu vertrauen.

Would rise by merit to promotion;
Alas! a mere chimeric notion.
The Doctor, if you will believe him,
Confess'd a sin (and God forgive him!):
Call'd up at midnight, ran to save
A blind old beggar from the grave:
But see how Satan spreads his snares;
He quite forgot to say his prayers.
He cannot help it, for his heart,
Sometimes to act the parson's part:
Quotes from the Bible many a sentence,
That moves his patients to repentance;
And, when his medicines do no good,
Supports their minds with heavenly food:
At which, however well intended,
He hears the clergy are offended;
And grown so bold behind his back,
To call him hypocrite and quack.
In his own church he keeps a seat;
Says grace before and after meat;
And calls, without affecting airs,
His household twice a day to prayers.
He shuns apothecaries' shops,
And hates to cram the sick with slops:
He scorns to make his art a trade;
Nor bribes my lady's favourite maid.
Old nurse-keepers would never hire,
To recommend him to the squire;
Which others, whom he will not name,
Have often practised to their shame.
The Statesman tells you, with a sneer,
His fault is to be too sincere;
And having no sinister ends,
Is apt to disoblige his friends.
The nation's good, his master's glory,
Without regard to Whig or Tory,
Were all the schemes he had in view,
Yet he was seconded by few:

Er habe gehofft, wegen dieser Verdienste aufzusteigen,
doch leider sei das eine Wahnvorstellung gewesen.
  Der Doktor, es ist kaum zu glauben,
gab auch eine Sünde zu (die ihm Gott verzeihe!).
Man rief ihn um Mitternacht, und er eilte,
um einen blinden, alten Bettler vor dem Grab zu retten.
Doch denkt nur, wie der Satan seine Fallen stellt:
Er vergaß dabei ganz, seine Gebete zu sprechen.
Manchmal kann er nämlich nicht anders
und übernimmt dann die Rolle des Priesters,
indem er Stellen aus der Bibel zitiert,
die seine Patienten zur inneren Umkehr bewegen
und, wenn seine Medizin nicht mehr hilft,
ihren Geist mit himmlischer Nahrung stärken.
Er hat nur die besten Absichten, jedoch
ist der Klerus, wie er hört, darüber verstimmt,
und hinter seinem Rücken besitzen sie die Kühnheit,
ihn einen Heuchler und Quacksalber zu nennen.
In seiner Kirche hat er einen festen Platz
und spricht vor und nach den Mahlzeiten ein Tischgebet.
Ohne frömmelndes Getue versammelt er
seinen Haushalt zweimal täglich zum Gebet.
Apotheken meidet er
und lehnt es ab, Kranken dünne Brühe zu verordnen.
Er verabscheut es, an seiner Kunst zu verdienen,
und ebenso, der Lieblingszofe einer Lady Geld zuzustecken.
Niemals würde er alte Pflegerinnen dafür bezahlen,
daß sie ihn dem Gutsherrn empfehlen,
was andere, die er jedoch nicht nennen will,
oftmals – zu ihrer Schande sei's gesagt – getan haben.
  Der Politiker erklärt euch mit höhnischem Lächeln,
sein Fehler sei es, zu aufrichtig zu sein,
und da er keine dunklen Ziele verfolge,
neige er dazu, Freunden Gefälligkeiten zu verweigern.
Das Wohl des Landes und der Ruhm seines Königs,
ohne Rücksicht auf die Parteien der Whigs oder Torys,
seien alles, was er im Auge habe,
und dennoch werde er nur von wenigen unterstützt.

Though some had spread a thousand lies,
'Twas he defeated the excise.
'Twas known, though he had borne aspersion,
That standing troops were his aversion:
His practice was, in every station:
To serve the king, and please the nation.
Though hard to find in every case
The fittest man to fill a place:
His promises he ne'er forgot,
But took memorials on the spot;
His enemies, for want of charity,
Said, he affected popularity:
'Tis true, the people understood,
That all he did was for their good;
Their kind affections he has tried;
No love is lost on either side.
He came to court with fortune clear,
Which now he runs out every year;
Must, at the rate that he goes on,
Inevitably be undone:
O! if his Majesty would please
To give him but a writ of ease,
Would grant him license to retire,
As it has long been his desire,
By fair accounts it would be found,
He's poorer by ten thousand pound.
He owns, and hopes it is no sin,
He ne'er was partial to his kin;
He thought it base for men in stations,
To crowd the court with their relations:
His country was his dearest mother,
And every virtuous man his brother;
Through modesty or awkward shame,
(For which he owns himself to blame,)
He found the wisest man he could,
Without respect to friends or blood;
Nor ever acts on private views,
When he has liberty to choose.

Doch hätten einige Leute zahllose Lügen über ihn verbreitet
und behauptet, er habe die Steuerbehörde betrogen.
Auch sei bekannt, daß er – obwohl man ihn dafür schelte –
entschieden gegen ein stehendes Heer sei.
Unter allen Umständen sei es sein Bestreben,
dem König zu dienen und die Nation zufriedenzustellen.
Zwar sei es nicht leicht, in jedem Fall
den geeignetsten Mann für einen Posten zu finden,
doch seine Versprechen vergesse er nie,
denn er mache sich immer gleich Notizen.
Aus Mißgunst behaupteten seine Gegner,
seine Popularität sei nur vorgespiegelt,
doch in Wahrheit wüßten die Leute genau,
daß alles, was er tue, zu ihrem Besten sei.
Er habe festgestellt, daß sie an ihm hingen,
und diese Liebe beruhe auf Gegenseitigkeit.
Als er an den Hof kam, hatte er ein hübsches Vermögen,
das nun von Jahr zu Jahr weniger wird,
und wenn das so weitergeht,
wird sein Ruin unvermeidlich sein.
Ach, wenn seine Majestät doch nur geruhte,
seine Pensionierungsurkunde auszustellen,
und ihm gestattete, sich ins Privatleben zurückzuziehen,
wie es schon lange sein Wunsch sei!
Bei unvoreingenommener Abrechnung werde man sehen,
daß er zehntausend Pfund eingebüßt habe.
Er gibt zu – und hofft, daß dies keine Sünde war –,
seine Verwandten nie begünstigt zu haben,
denn er finde es schlecht, wenn Männer in hohen Ämtern
den Hof mit ihren Angehörigen bevölkern.
Das Heimatland sei ihm die liebste Mutter
und jeder rechtschaffene Mann sein Bruder.
Weil er so bescheiden und schüchtern sei
(ein Fehler, zu dem er sich bekenne),
habe er sich immer an die klügsten Männer gehalten,
ohne Rücksicht auf Freunde und Blutsverwandte.
Auch tue er nie etwas um seines eigenen Vorteils willen,
wenn er die Möglichkeit habe, frei zu entscheiden.

The Sharper swore he hated play,
Except to pass an hour away:
And well he might; for, to his cost,
By want of skill, he always lost;
He heard there was a club of cheats,
Who had contrived a thousand feats;
Could change the stock, or cog a die,
And thus deceive the sharpest eye:
No wonder how his fortune sunk,
His brothers fleece him when he's drunk.

I own the moral not exact,
Besides, the tale is false, in fact;
And so absurd, that could I raise up,
From fields Elysian, fabling Aesop,
I would accuse him to his face,
For libelling the four-foot race.
Creatures of every kind but ours
Well comprehend their natural powers,
While we, whom reason ought to sway,
Mistake our talents every day.
The Ass was never known so stupid,
to act the part of Tray or Cupid;
Nor leaps upon his master's lap,
There to be stroked, and fed with pap,
As Aesop would the world persuade;
He better understands his trade:
Nor comes whene'er his lady whistles,
But carries loads, and feeds on thistles.
Our author's meaning, I presume, is
A creature *bipes et implumis;*
Wherein the moralist design'd
A compliment on human kind;
For here he owns, that now and then
Beasts may degenerate into men.

Der Falschspieler schwor, außer als Zeitvertreib
sei ihm das Kartenspiel verhaßt, und dazu habe er
allen Grund; denn da es ihm an Geschick fehle,
habe er stets verloren und teuer bezahlt.
Er habe gehört, es gebe da einen Klub von Betrügern,
die sich allerhand Tricks ausgedacht hätten
– Spielkarten vertauschen, mit falschen Würfeln spielen –,
daß auch der schärfste Beobachter getäuscht werde.
Kein Wunder, daß er auf den Hund gekommen sei,
da ihn seine Kumpane ausnähmen, wenn er betrunken sei.

Die Moral ist, wie ich zugebe, nicht ganz treffend.
Außerdem ist diese Geschichte so falsch
und abwegig, daß ich dem Fabelerzähler Äsop,
wenn ich ihn aus den Elysischen Feldern erwecken könnte,
geradeheraus den Vorwurf machen würde,
die Vierbeiner übel verleumdet zu haben.
Außer uns können nämlich alle Lebewesen
ihre natürlichen Gaben ganz richtig einschätzen.
Wir dagegen, die wir vom Verstand regiert werden sollten,
beurteilen unsere Talente tagtäglich falsch.
Vom Esel ist nie bekannt geworden, daß er so dumm war,
den Tray oder Cupido zu spielen,
und er springt auch nicht seinem Herrn auf den Schoß,
um sich streicheln und mit Süßigkeiten füttern zu lassen,
wie es Äsop der Welt weismachen will.
Er versteht sein Gewerbe besser
und kommt nicht gleich, wenn seine Herrin pfeift,
sondern schleppt Lasten und ernährt sich von Disteln.
Worauf unser Autor abzielt, ist vermutlich
eine Kreatur *bipes et implumis*,
womit der Moralist ein Kompliment
für die Menschheit zum Ausdruck bringt,
denn damit gibt er zu, daß gelegentlich einmal
ein Tier zum Menschen herunterkommen kann.

The Scotty Who Knew Too Much

Several summers ago there was a Scotty who went to the country for a visit. He decided that all the farm dogs were cowards, because they were afraid of a certain animal that had a white stripe down its back. 'You are a pussy-cat and I can lick you,' the Scotty said to the farm dog who lived in the house where the Scotty was visiting. 'I can lick the little animal with the white stripe, too. Show him to me.' 'Don't you want to ask any questions about him?' said the farm dog. 'Naw,' said the Scotty. '*You* ask the questions.'

So the farm dog took the Scotty into the woods and showed him the white-striped animal and the Scotty closed in on him, growling and slashing. It was all over in a moment and the Scotty lay on his back. When he came to, the farm dog said, 'What happened?' 'He threw vitriol,' said the Scotty, 'but he never laid a glove on me.'

A few days later the farm dog told the Scotty there was another animal all the farm dogs were afraid of. 'Lead me to him,' said the Scotty. 'I can lick anything that doesn't wear horseshoes.' 'Don't you want to ask any questions about him?' said the farm dog. 'Naw,' said the Scotty. 'Just show me where he hangs out.' So the farm dog led him to a place in the woods and pointed out the little animal when he came along. 'A clown,' said the Scotty, 'a pushover,' and he closed in, leading with his left and exhibiting some mighty fancy footwork. In less than a second the Scotty was flat on his back, and when he woke up the farm dog was pulling quills out of him. 'What happened?' said

Der Scotty, der zuviel wußte

Es war einmal vor einigen Jahren im Sommer ein Scotchterrier, der zu Besuch aufs Land fuhr. Dort kam er zu dem Schluß, daß alle Hofhunde Feiglinge seien, weil sie sich vor einem Tier mit einem weiß gestreiften Rücken fürchteten. «Du bist ein Hasenfuß, und ich kann dich jederzeit verdreschen», sagte der Scotty zu dem Hofhund, der in dem Haus lebte, in dem der Scotty zu Besuch war. «Und ich kann auch dieses kleine Tier mit dem weißen Streifen verdreschen. Bring mich nur zu ihm.» «Willst du nicht erst mal fragen, wer das ist?» fragte der Hofhund. «Ach was!» sagte der Scotty. «Wenn hier einer Fragen stellt, dann du.»

Also ging der Hofhund mit dem Scotty in den Wald und zeigte ihm das weiß gestreifte Tier, und der Scotty ging knurrend und um sich schlagend zum Angriff über. Im Handumdrehen war alles vorbei, und der Scotty lag auf dem Rücken. Als er wieder zu sich kam, fragte der Hofhund: «Was ist denn passiert?» «Er hat mit Schwefelsäure gespritzt», sagte der Scotty. «Aber er hat mich nicht berührt!»

Ein paar Tage darauf erzählte der Hofhund dem Scotty, es gebe da noch ein Tier, vor dem sich alle Hofhunde fürchteten. «Bring mich zu ihm», sagte der Scotty. «Ich verdresche jeden, der nicht gerade Hufeisen im Handschuh trägt.» «Willst du nicht erst mal fragen, wer das ist?» fragte der Hofhund. «Ach was!» sagte der Scotty. «Zeig mir nur, wo der Kerl sich rumtreibt.» Also führte ihn der Hofhund an eine Stelle im Wald und zeigte ihm das kleine Tier, als es auftauchte. «So ein Clown!» sagte der Scotty. «Das reinste Kinderspiel!» Und mit der vorgehaltenen Linken ging er zum Angriff über, wobei er fabelhafte Beinarbeit zeigte. Nach weniger als einer Sekunde lag der Scotty flach auf dem Rücken, und als er aufwachte, zog ihm der Hofhund gerade ein paar Stacheln aus dem Fell. «Was

the farm dog. 'He pulled a knife on me,' said the Scotty, 'but a least I have learned how you fight out here in the country, and now I am going to beat *you* up.' So he closed in on the farm dog, holding his nose with one front paw to ward off the vitriol and covered his eyes with the other front paw to keep out the knives. The Scotty couldn't see his opponent and he couldn't smell his opponent and he was so badly beaten that he had to be taken back to the city and put in a nursing home.

Moral: *It is better to ask some of the questions than to know all the answers.*

The Shrike and the Chipmunks

Once upon a time there were two chipmunks, a male and a female. The male chipmunk thought that arranging nuts in artistic patterns was more fun than just piling them up to see how many you could pile up. The female was all for piling up as many as you could. She told her husband that if he gave up making designs with the nuts there would be room in their large cave for a great many more and he would soon become the wealthiest chipmunk in the woods. But he would not let her interfere with his designs, so she flew into a rage and left him. 'The shrike will get you,' she said, 'because you are helpless and cannot look after yourself.' To be sure, the female chipmunk had not been gone three nights before the male had to dress for a banquet and could not find his studs or shirt or suspenders. So he couldn't go to the banquet, but that was just as well, because all the chipmunks who did go were attacked and killed by a weasel.

The next day the shrike began hanging around outside the chipmunk's cave, waiting to catch him. The shrike couldn't get in because the doorway was

ist passiert?» fragte der Hofhund. «Er ist mit dem Messer auf mich losgegangen», sagte der Scotty. «Aber wenigstens weiß ich jetzt, wie ihr hier auf dem Land kämpft, und nun werde ich *dich* mal verdreschen.» Also näherte er sich dem Hofhund, wobei er sich mit der einen Vorderpfote die Nase zuhielt, um sich vor der Schwefelsäure zu schützen, und die andere Vorderpfote hielt er vor die Augen, um die Messer abzuwehren. Der Scotty konnte deshalb seinen Gegner weder riechen noch sehen, und er wurde so jämmerlich verprügelt, daß man ihn in die Stadt zurückbringen mußte, wo er in ein Pflegeheim kam.

Moral: Es ist besser, erst mal ein paar Fragen zu stellen, als gleich sämtliche Antworten zu wissen.

Der Neuntöter und die Erdhörnchen

Es waren einmal zwei Erdhörnchen, ein Männchen und ein Weibchen. Dem Männchen machte es mehr Spaß, mit seinen Nüssen kunstvolle Muster zu legen als sie einfach aufzuhäufen und zu sehen, wieviele es schon beisammen hatte. Aber das Weibchen war dafür, möglichst viel aufzuhäufen. Sie sagte ihrem Mann, wenn er endlich aufhören würde, mit den Nüssen Muster zu legen, gingen noch viel mehr Nüsse in ihre geräumige Höhle, und er wäre dann bald das reichste Erdhörnchen im ganzen Wald. Aber er wollte sich seine schönen Muster nicht ausreden lassen, und da wurde sie schrecklich wütend und verließ ihn. «Der Neuntöter wird dich holen», sagte sie, «weil du so hilflos bist und nicht für dich sorgen kannst.» Und tatsächlich, das weibliche Erdhörnchen war noch keine drei Tage weg, da mußte sich das Männchen für ein Festessen anziehen, konnte aber weder seine Kragenknöpfe noch das Hemd noch seine Hosenträger finden. Deshalb konnte es nicht zu dem Festessen gehen, aber das war auch gut so, denn alle Erdhörnchen, die hingingen, wurden von einem Wiesel überfallen und ermordet.

Am nächsten Tag tauchte der Neuntöter auf und lungerte vor der Höhle herum, um sich das Erdhörnchen zu schnappen. In die Höhle konnte er nicht hinein, weil der Eingang mit

clogged up with soiled laundry and dirty dishes. 'He will come out for a walk after breakfast and I will get him then,' thought the shrike. But the chipmunk slept all day and did not get up and have breakfast until after dark. Then he came out for a breath of air before beginning work on a new design. The shrike swooped down to snatch up the chipmunk, but could not see very well on account of the dark, so he batted his head against an alder branch and was killed.

A few days later the female chipmunk returned and saw the awful mess the house was in. She went to the bed and shook her husband. 'What would you do without me?' she demanded. 'Just go on living, I guess,' he said. 'You wouldn't last five days,' she told him. She swept the house and did the dishes and sent out the laundry, and then she made the chipmunk get up and wash and dress. 'You can't be healthy if you lie in bed all day and never get any exercise,' she told him. So she took him for a walk in the bright sunlight and they were both caught and killed by the shrike's brother, a shrike named Stoop.

Moral: *Early to rise and early to bed makes a male healthy and wealthy and dead.*

The Moth and the Star

A young and impressionable moth once set his heart on a certain star. He told his mother about this and she counselled him to set his heart on a bridge lamp instead. 'Stars aren't the thing to hang around,' she said; 'lamps are the thing to hang around.' 'You get somewhere that way,' said the moth's father. 'You don't get anywhere chasing stars.' But the moth would not heed the words of either parent. Every evening at dusk when the star came out he would start

schmutziger Wäsche und mit Geschirr verstopft war. «Nach dem Frühstück wird er schon zu einem Spaziergang herauskommen, und dann kriege ich ihn», dachte der Neuntöter. Aber das Erdhörnchen verschlief den ganzen Tag und stand erst nach Einbruch der Dunkelheit auf, um zu frühstücken. Dann kam es heraus, um frische Luft zu schnappen, bevor es anfing, ein neues Muster zu legen. Der Neuntöter stieß herunter, um das Erdhörnchen zu packen, aber weil es dunkel war, konnte er kaum etwas sehen, und so prallte er gegen den Ast einer Erle und war sofort tot.

Ein paar Tage darauf kehrte das Weibchen zurück und fand das Haus in heilloser Unordnung. Sie lief an das Bett ihres Mannes und rüttelte ihn wach. «Was würdest du nur ohne mich anfangen?» fragte sie. «Ach, einfach weiterleben», antwortete er. «Das würdest du keine fünf Tage überstehen», behauptete sie. Sie fegte das Haus und spülte das Geschirr und gab das Bettzeug in die Wäscherei, und dann befahl sie dem Erdhörnchen aufzustehen und sich zu waschen und anzuziehen. «Es ist ungesund, den ganzen Tag im Bett zu liegen und sich nicht zu bewegen», behauptete sie. Also machte sie mit ihm einen Spaziergang im hellen Sonnenschein, und da kam der Bruder des Neuntöters, ein Neuntöter namens Stoop, stürzte sich auf die beiden und brachte sie um.

Moral: Früh zur Arbeit, früh zu Bett macht einen Mann gesund, reich und tot.

Der Nachtfalter und der Stern

Es war einmal ein junger, begeisterungsfähiger Nachtfalter, der hängte sein Herz an einen bestimmten Stern. Als er seiner Mutter davon erzählte, riet sie ihm, sein Herz doch lieber an eine Brückenlaterne zu hängen. «Sterne sind nicht der richtige Aufenthaltsort für dich», sagte sie. «Laternen sind ein besserer Aufenthaltsort.» «Nur so wird was aus dir», sagte der Vater des Nachtfalters. Aber der Nachtfalter hörte nicht auf seine Eltern. Jeden Abend bei Einbruch der Dunkelheit, wenn der Stern erschien, flog er auf ihn zu, und bei Morgengrauen kam er

flying toward it and every morning at dawn he would crawl back home worn out with his vain endeavour. One day his father said to him, 'You haven't burned a wing in months, boy, and it looks to me as if you were never going to. All your brothers have been badly burned flying around street lamps and all your sisters have been terribly singed flying around house lamps. Come on, now, get out of here and get yourself scorched! A big strapping moth like you without a mark on him!'

The moth left his father's house, but he would not fly around street lamps and he would not fly around house lamps. He went right on trying to reach the star, which was four and one-third light years, or twenty-five trillion miles, away. The moth thought it was just caught in the top branches of an elm. He never did reach the star, but he went right on trying, night after night, and when he was a very, very old moth he began to think that he really had reached the star and he went around saying so. This gave him a deep and lasting pleasure, and he lived to a great old age. His parents and his brothers and his sisters had all been burned to death when they were quite young.

Moral: *Who flies afar from the sphere of our sorrow is here today and here tomorrow.*

jedesmal zurückgewankt, ganz erschöpft von seinem vergeblichen Bemühen. Eines Tages sagte der Vater zu ihm: «Du hast dir schon seit Monaten keinen Flügel mehr versengt, und du hast es anscheinend auch nicht vor. Alle deine Brüder haben sich schrecklich verbrannt, als sie um Straßenlampen flogen, und alle deine Schwestern haben sich schlimm verbrannt, als sie um Zimmerlampen flogen. Los, nun mach, daß du rauskommst und dir auch eine Verbrennung holst! So ein großer, kräftiger Nachtfalter, und hat noch keine einzige Narbe!»

Der Nachtfalter verließ das Haus seines Vaters, aber er flog auch weiterhin nicht um Straßenlaternen oder Zimmerlampen. Er versuchte immer wieder, den Stern zu erreichen, der vier und ein Drittel Lichtjahre oder fünfundzwanzig Billionen Meilen entfernt war. Der Nachtfalter aber glaubte, er hänge nur in den obersten Ästen einer Ulme fest. Er erreichte den Stern nie, aber Nacht für Nacht versuchte er es aufs neue, und als er schon ein sehr, sehr alter Nachtfalter war, glaubte er beinahe selbst, er habe den Stern wirklich erreicht, und erzählte es allen Leuten. Das bereitete ihm eine große, anhaltende Freude, und er erreichte ein hohes Alter. Seine Eltern und Geschwister aber hatten sich alle tödlich verbrannt, als sie noch ganz jung waren.

Moral: Wer sich entfernt von Alltagsnot, ist heute rot und morgen rot.

MARK TWAIN

The Mirror

Once upon a time an artist who had painted a small and very beautiful picture placed it so that he could see it in the mirror. He said, "This doubles the distance and softens it, and it is twice as lovely as it was before."

The animals out in the woods heard of this through the housecat, who was greatly admired by them because he was so learned, and so refined and civilized, and so polite and high-bred, and could tell them so much which they didn't know before, and were not certain about afterward. They were much excited about this new piece of gossip, and they asked questions, so as to get at a full understanding of it. They asked what a picture was, and the cat explained.

"It is a flat thing," he said; "wonderfully flat, marvelously flat, enchantingly flat and elegant. And, oh, so beautiful!"

That excited them almost to a frenzy, and they said they would give the world to see it. Then the bear asked:

"What is it that makes it so beautiful?"

"It is the looks of it," said the cat.

This filled them with admiration and uncertainty, and they were more excited than ever. Then the cow asked:

"What is a mirror?"

"It is a hole in the wall," said the cat. "You look in it, and there you see the picture, and it is so dainty and charming and ethereal and inspiring in its unimagin-

Der Spiegel

Es war einmal ein Maler, der hatte ein kleines, sehr hübsches Bild gemalt, und er hängte es so auf, daß er es im Spiegel betrachten konnte. «Dadurch verdoppelt sich der Abstand zum Bild», sagte er. «Die Umrisse werden weicher, und es wirkt doppelt so schön wie zuvor.»

Die Tiere draußen im Wald hörten davon durch die Hauskatze, die von allen sehr bewundert wurde, weil sie so klug, so gebildet und vornehm, so elegant und edel war und weil sie ihnen so vieles erzählen konnte, wovon sie noch nichts gewußt hatten und woraus sie auch hinterher nicht recht schlau wurden. Als sie diese unglaubliche Neuigkeit erfuhren, waren sie alle sehr aufgeregt und stellten viele Fragen, um die Sache richtig zu verstehen. Was denn ein Bild sei, wollten sie wissen, und die Katze erklärte es ihnen.

«Es ist ein flaches Ding», sagte sie, «wunderbar flach, unglaublich flach, zauberhaft flach und fein. Und ach, so schön!»

Da gerieten sie ganz aus dem Häuschen und sagten, sie würden alles dafür geben, das einmal zu sehen. Dann fragte der Bär:

«Was macht es denn so schön?»

«Sein Aussehen», sagte die Katze.

Das erfüllte sie mit Bewunderung und Ungewißheit, und sie waren so aufgeregt, wie sie noch nie gewesen waren. Dann fragte die Kuh:

«Was ist denn ein Spiegel?»

«Das ist eine Öffnung in der Wand», antwortete die Katze. «Du schaust hinein und siehst das Bild, und das ist so reizend und entzückend und himmlisch und bezaubernd und so unvor-

able beauty that your head turns round and round, and you almost swoon with ecstasy."

The ass had not said anything as yet; he now began to throw doubts. He said there had never been anything as beautiful as this before, and probably wasn't now. He said that when it took a whole basketful of sesquipedalian adjectives to whoop up a thing of beauty, it was time for suspicion.

It was easy to see that these doubts were having an effect upon the animals, so the cat went off offended. The subject was dropped for a couple of days, but in the meantime curiosity was taking a fresh start, and there was a revival of interest perceptible. Then the animals assailed the ass for spoiling what could possibly have been a pleasure to them, on a mere suspicion that the picture was not beautiful, without any evidence that such was the case. The ass was not troubled; he was calm, and said there was one way to find out who was in the right, himself or the cat: he would go and look in that hole, and come back and tell what he found there. The animals felt relieved and grateful, and asked him to go at once – which he did.

But he did not know where he ought to stand; and so, through error, he stood between the picture and the mirror. The result was that the picture had no chance, and didn't show up. He returned home and said:

"The cat lied. There was nothing in that hole but an ass. There wasn't a sign of a flat thing visible. It was a handsome ass, and friendly, but just an ass, and nothing more."

The elephant asked:

"Did you see it good and clear? Were you close to it?"

"I saw it good and clear, O Hathi, King of Beasts. I was so close that I touched noses with it."

"This is very strange," said the elephant; "the cat was always truthful before – as far we could make

stellbar schön, daß dir ganz schwindlig wird und du vor Verzückung fast in Ohnmacht fällst.»

Der Esel hatte bis dahin geschwiegen. Jetzt aber äußerte er Zweifel. So etwas Schönes habe es noch nie gegeben, sagte er, und vermutlich gebe es das auch jetzt nicht. Wenn man einen Haufen ellenlanger Adjektive brauche, um einem etwas Schönes schmackhaft zu machen, sagte er, dann sei Mißtrauen angebracht.

Man merkte, daß die Tiere von diesen Zweifeln beeindruckt waren, und so zog sich die Katze gekränkt zurück. Das Thema wurde für ein paar Tage fallengelassen, aber in dieser Zeit wuchs die Neugierde wieder, und neues Interesse machte sich bemerkbar. Dann beschuldigten die Tiere den Esel, er habe sie mit seinem durch nichts erhärteten Verdacht, das Bild könnte nicht schön sein, möglicherweise um ein Vergnügen gebracht. Den Esel störte das wenig.

Ganz gelassen erwiderte er, es gebe ja einen Weg herauszufinden, wer recht habe, er oder die Katze: Er werde hingehen und in diese Öffnung schauen, und dann werde er zurückkommen und erzählen, was er ausfindig gemacht habe. Die Tiere waren erleichtert und froh und baten ihn, sogleich aufzubrechen, was er auch tat.

Aber er wußte nicht, wo er sich hinstellen sollte; also stellte er sich in seiner Ahnungslosigkeit zwischen das Bild und den Spiegel; das Ergebnis war, daß das Bild gar keine Gelegenheit hatte, sichtbar zu werden. Der Esel ging zurück und sagte:

«Die Katze hat gelogen. In der Öffnung war nur ein Esel. Von einem flachen Ding war nichts zu sehen. Es war ein stattlicher und freundlicher Esel, aber doch nur ein Esel und weiter nichts.»

Da fragte der Elefant:

«Hast du ihn auch klar und deutlich gesehen? Warst du nahe dran?»

«Ich habe ihn ganz deutlich gesehen, o Hathi, König der Tiere. Ich war ihm so nahe, daß sich unsere Nasen berührten.»

«Das ist aber merkwürdig», sagte der Elefant. «Die Katze war doch bisher immer ehrlich – soweit wir das beurteilen

out. Let another witness try. Go, Baloo, look in the hole, and come and report."

So the bear went. When he came back, he said:

"Both the cat and the ass have lied; there was nothing in the hole but a bear."

Great was the surprise and puzzlement of the animals. Each was now anxious to make the test himself and get at the straight truth. The elephant sent them one at a time.

First, the cow. She found nothing in the hole but a cow.

The tiger found nothing in it but a tiger.

The lion found nothing in it but a lion.

The leopard found nothing in it but a leopard.

The camel found a camel, and nothing more.

Then Hathi was wroth, and said he would have the truth, if he had to go and fetch it himself. When he returned, he abused his whole subjectry for liars, and was in an unappeasable fury with the moral and mental blindness of the cat. He said that anybody but a near-sighted fool could see that there was nothing in the hole but an elephant.

Moral, by the cat

You can find in a text whatever you bring, if you will stand between it and the mirror of your imagination. You may not see your ears, but they will be there.

können. Laßt es einen anderen Zeugen versuchen. Geh, Baloo, schau in die Öffnung und berichte uns dann.»

Und so ging der Bär los. Als er zurückkam, sagte er:

«Beide haben gelogen, die Katze und der Esel. In der Öffnung war nur ein Bär.»

Wie groß war da das Erstaunen und die Verwirrung bei den Tieren! Jedes von ihnen wollte es nun selbst versuchen und der Sache auf den Grund gehen. Der Elefant schickte sie eins nach dem anderen los.

Zuerst die Kuh. Sie fand in der Öffnung nichts weiter als eine Kuh.

Der Tiger fand nur einen Tiger.

Der Löwe fand nur einen Löwen.

Der Leopard fand nur einen Leoparden.

Das Kamel fand ein Kamel und sonst gar nichts.

Da wurde Hathi zornig und sagte, er wolle nun endlich die Wahrheit wissen, und wenn er selbst hingehen müßte, um sie herauszubekommen. Als er zurückkehrte, schalt er alle seine Untertanen Lügner, und sein Zorn über die moralische und geistige Verblendung der Katze war grenzenlos. Man müsse schon ein kurzsichtiger Narr sein, sagte er, um nicht zu sehen, daß in der Öffnung nichts als ein Elefant sei.

Moral, von der Katze verkündet

Man entdeckt in einem Text, was immer man hineinlegt, wenn man sich zwischen ihn und den Spiegel der eigenen Phantasie stellt. Vielleicht siehst du deine langen Ohren nicht, aber sie sind da.

Seite 8, Zeile 6: *cock of Minerva* – Minerva (gr. Pallas Athene), die Göttin der Weisheit, der freien Künste, aber auch des Krieges, trägt in manchen Darstellungen auf ihrem Helm die Figur des Hahns, der wegen seiner Tapferkeit der Kriegsgöttin heilig ist.

Seite 8, Zeile 20: *Il n'y a . . .* – (frz.) Niemand ist unentbehrlich.

Seite 10, Zeile 11: *bailie* – Schottische Bezeichnung für einen Stadtrat, der zugleich Vorsitzender eines Bezirks- oder Polizeigerichts ist.

Seite 10, Zeile 11: *Sir Walter Scott* – (1771–1832), bedeutender schottischer Dichter und Romanautor *(Waverley, The Heart of Midlothian)* der Romantik.

Seite 12, Zeile 14: *Atlas* – In der griechischen Mythologie einer der Titanen, der zur Strafe für seine Teilnahme am Aufstand gegen die Götter das Himmelsgewölbe auf seinen Schultern tragen mußte.

Seite 20, Zeile 10: *groat* – Alte Silbermünze.

Seite 20, Zeile 27: *humour* – Nach der mittelalterlichen Vorstellung wurde die Gemütsbeschaffenheit eines Menschen durch die Mischung der Säfte (lat. *humores*) im Körper bedingt.

Seite 22, Zeile 23: *Ptolemys* – Dynastie der Ptolemäer, die seit Alexander dem Großen (323–30 v. Chr.) Ägypten beherrschte.

Seite 24, Zeile 20: *solus cum sola* – (lat.) Einzig, allein; d. h. Chanticleer brachte nur einen Ton hervor.

Seite 24, Zeile 22: *liberal arts* – Die sieben ‹freien Künste› der mittelalterlichen Bildungsordnung.

Seite 24, Zeile 36: *shrovetide cock* – In früheren Zeiten war es in England Brauch, am Fastnachtsdienstag *(Shrove Tuesday)* einem Hahn Flügel und Füße zu binden und ihn mit Stöcken zu schlagen.

Seite 26, Zeile 32: *Galen* – Griechisch-römischer Arzt (129–199 n. Chr.).

Seite 28, Zeile 16: *Cato* – Dionysius Cato, Autor des 4. Jahrhunderts n. Chr., der Lehrgedichte schrieb, darunter die *Distichen*.

Seite 30, Zeile 6: *in principio* – (lat.) im Anfang; die ersten Worte des lateinischen Johannes-Evangeliums.

Seite 30, Zeile 7: *mulier est ...* – (lat.) Frauen bringen die Männer aus der Fassung.

Seite 30, Zeile 29: *Tristram, Launcelot* – Gemeint sind die mittelalterlichen Epen um Tristan sowie Lancelot, den Ritter aus König Artus' Tafelrunde.

Seite 36, Zeile 9: *Cecilia* – Die Heilige Cäcilia ist die Schutzpatronin der Musik.

Seite 38, Zeile 7: *Ilium* – Ein anderer Name für Troja.

Seite 40, Zeile 9: *Mars* – Der römische Gott des Krieges.

Seite 66, Zeile 2: *Parsee* – Nachkomme jener Perser, die im 7. und 8. Jahrhundert aus Glaubensgründen nach Indien flohen.

Seite 68, Zeile 3: *Mazanderan* – Provinz in Persien.

Seite 68, Zeile 3: *Socotra* – Insel im Indischen Ozean vor der Ostküste Somalias.

Seite 68, Zeile 3: *Promontories ...* – Geographische Bezeichnungen verwendet Kipling hier vor allem ihres exotischen Klanges wegen; manche, wie die «Promontories of the Larger Equinox», sind reine Phantasiegebilde, wie sie sich ein Kind ausdenken könnte.

Seite 68, Zeile 6: *sloka* – Heroischer Vers der indischen Dichtung.

Seite 70, Zeile 23: *Orotavo, Amygdala* – Phantasienamen: La Orotava ist eine Stadt auf Teneriffa, «amygdala» ist die botanische Bezeichnung für die Mandel.

Seite 70, Zeile 23: *Antananarivo* – Hauptstadt der Insel Madagaskar.

Seite 70, Zeile 24: *Sonaput* – Stadt in Indien.

Seite 72, Zeile 3: *cetacean* – Zoologische Bezeichnung für den Wal, der zur Ordnung der Cetacea gehört.

Seite 74, Zeile 8: *hornpipe* – Alter englischer Matrosentanz.

Seite 74, Zeile 20: *Albion* – Älterer, vielleicht vorkeltischer Name für Britannien; heute nur noch poetisch gebraucht.

Seite 74, Zeilen 31–32: *Ashuelot, Nashua, Keene, Fitchburg* – Orte in den Vereinigten Staaten.

Seite 76, Zeile 15: *Hibernian* – (Von *Hibernia*, dem lateinischen Namen für Irland) Ire; «grating» und «eating» reimen sich nur bei einer irischen Aussprache des Englischen.

Seite 84, Zeile 2: *Samoa* – Inselgruppe im Stillen Ozean. Stevenson ließ sich dort wegen eines Lungenleidens 1888 nieder; 1894 starb er in Samoa. Zwar verfolgten Großbritannien, die USA und Deutschland während des 19. Jahrhunderts in Samoa Handelsinteressen, doch blieben die Inseln bis 1900 politisch unabhängig.

Seite 84, Zeile 10: *colonies* – Gemeint sind die von Großbritannien abhängigen (also im Gegensatz zu Samoa, s. o., unfreien) Kolonien, hier wohl Australien, dem zu Stevensons Zeit noch der Ruch der Strafkolonie anhaftete.

Seite 84, Zeile 19: *Kanaka* – Südsee-Insulaner, besonders einer, der Zwangsarbeit verrichtete.

Seite 102, Zeile 14: *Elysian fields* – In der griechischen Mythologie ein Ort des Glücks, an dem sich die Seelen der Verstorbenen aufhalten.

Seite 102, Zeile 14: *Aesop* – Legendärer griechischer Fabeldichter des 6. Jahrhunderts v. Chr.

Seite 102, Zeile 22: *Tray* – Hund in Shakespeares *König Lear* (III, 6, 66).

Seite 102, Zeile 30: *bipes et implumis* – (lat). Zweibeinig und ungefiedert.

Seite 108, Zeile 24: *Early to rise ...* – Verdrehung des Sprichworts «Early to bed and early to rise makes a man healthy, wealthy and wise.»

Seite 110, Zeile 25: *...here today...* – Eigentlich lautet die Redensart «Here today and gone tomorrow.»

Seite 114, Zeile 35: *Hathi* – Name des Elefanten in Rudyard Kiplings *Jungle Book* (1894).
Seite 116, Zeile 1: *Baloo* – Name des Bären in Rudyard Kiplings *Jungle Book* (1894).

Thomas Carlyle (1795–1881), gebürtiger Schotte, gehörte zu den leidenschaftlichsten Kulturkritikern unter den Viktorianern. Sein gegen den Materialismus und das mechanistische Weltbild seiner Zeit gerichtetes Denken war stark von den Dichtungen Goethes und Schillers und der idealistischen Philosophie Fichtes geprägt. *Sartor Resartus* (1834), ein formal von Jean Paul und Goethe beeinflußter autobiographischer Entwicklungsroman, machte ihn erstmals bekannt. Mit *The French Revolution* (1837), *Chartism* (1839) und *Past and Present* (1843) legte er seine Weltanschauung dar, die sich von den geschichtsphilosophischen, politischen und ethischen Vorstellungen der Zeitgenossen deutlich unterscheidet. Besonders mit seinem Eintreten für die notleidenden Industriearbeiter fand er große Beachtung, u. a. bei Charles Dickens. Carlyles den Helden und die Führerpersönlichkeit betonende Geschichtsauffassung, die er in Werken wie *On Heroes, Hero-Worship, and the Heroic in History* (1841), *Oliver Cromwell's Letters and Speeches* (1845) und *The History of Friedrich II of Prussia* (1858–65) darlegt, übte nachhaltigen Einfluß auf den englischen Imperialismus in der zweiten Hälfte des 19. Jahrhunderts aus.

Geoffrey Chaucer (1340?–1400), Sohn eines wohlhabenden Londoner Weinhändlers, erhielt eine höfische Erziehung und bekleidete später verschiedene hohe Ämter. Nachdem seit 1066 Französisch die Amts- und Literatursprache war, machte Chaucer die englische Sprache wieder hof- und literaturfähig. Er ist der bedeutendste englische Dichter des Mittelalters. Sein umfangreiches Werk ist vielseitig und doch künstlerisch einheitlich. Es umfaßt u. a. den auf dem französischen ‹Rosenroman› fußenden *Romaunt of the Rose*, die allegorische Fabel *The Parliament of Fowls*, den Versroman *Troilus and Criseyde*, der einen Stoff des trojanischen Sagenkreises aufnimmt, sowie die *Canterbury Tales*, die als sein Hauptwerk gelten. Ihnen ist

auch die von Dryden bearbeitete *Nun's Priest's Tale* entnommen. Chaucer ist in der Westminster Abbey begraben.

STEPHEN CRANE (1871–1900), aus New Jersey stammender Autor von Romanen und Kurzgeschichten, die immer wieder das Elend in den großen Städten und die Schrecken des Krieges zum Thema haben. Als Journalist in New York und Kriegsberichterstatter in Kuba und Griechenland sammelte er Erfahrungen, die in seine großen Romane *Maggie: A Girl of the Streets* (1893) und *The Red Badge of Courage* (1895) eingegangen sind. Zu Cranes bekanntesten Erzählungen, die die Entwicklung der amerikanischen Kurzgeschichte nachhaltig beeinflußt haben, gehören *The Open Boat, The Bride Comes to Yellow Sky* und *The Blue Hotel.* Schriftsteller wie William Dean Howells, Joseph Conrad und Henry James erkannten früh Cranes große Begabung, aber erst nach dem ersten Weltkrieg fanden seine Werke ein breiteres Publikum. Sein ruheloses, aufreibendes Leben trug ihm ein Lungenleiden ein, dem er, kaum dreißigjährig, in einem Sanatorium im Schwarzwald erlag.

JOHN DRYDEN (1631–1700) war der Sohn eines nordenglischen Landedelmannes. Nach seinem Studium in Cambridge war er eine Zeitlang Sekretär der Dichter John Milton und Andrew Marvell. 1663 begann er mit *The Wild Gallant* eine überaus erfolgreiche Karriere als Dramatiker. Zu seinen späteren Stükken gehören *Marriage à la Mode* (1673), *Aurangzebe* (1676) sowie *All for Love* (1677), das auf Shakespeares *Antony and Cleopatra* beruht und wohl Drydens bestes Bühnenstück ist. Von Drydens nichtdramatischen Dichtungen ist besonders das satirische Gedicht *Absalom and Achitophel* (1681) zu nennen. Auch als Literaturkritiker und -theoretiker hat er Bedeutendes geleistet (*Essay of Dramatic Poesy,* 1668). Während seiner letzten Lebensjahre übersetzte er zahlreiche Werke der Antike ins Englische. 1700 erschienen die *Fables,* Übersetzungen aus Werken Chaucers (s. o.), Boccaccios und Ovids. Drydens Grab befindet sich neben den Gräbern anderer Dichter in der Westminster Abbey.

E. M. Forster (1879–1970), Romancier und Essayist, zählt zu den bedeutendsten englischen Autoren der Moderne. Bis auf einen erschienen seine Romane bereits vor dem ersten Weltkrieg, darunter *A Room with a View* (1908) und *Howards End* (1910). Eine 1912 unternommene Reise nach Indien war der Anlaß für seinen größten Roman, *A Passage to India*, der 1924 erschien. Darin behandelt Forster den fast unüberbrückbaren Gegensatz zwischen den Kulturen und Weltanschauungen in Ost und West. Den anderen Romanen und den Kurzgeschichten Forsters liegen ähnliche Gegensätze zugrunde, etwa der zwischen der Freiheit des antiken Menschen und den Zwängen der modernen westlichen Zivilisation oder zwischen den sinnlichen und emotionalen Bedürfnissen des Einzelnen und den Verhaltensnormen der (englischen) Gesellschaft, die darauf keine Rücksicht nimmt. Ironie, ein scharfer Blick für menschliche Schwächen und stilistische Meisterschaft zeichnen sämtliche Werke Forsters aus.

John Gay (1685–1732) ist bei uns vor allem durch seine satirische *Beggar's Opera* (1728) bekannt, die Bertolt Brecht 1928 der *Dreigroschenoper* zugrunde legte. Er schrieb daneben noch weitere originelle, aber wenig gespielte Bühnenstücke. Gays Versdichtungen zeichnen sich durch Witz, Leichtigkeit der Sprache und Formenreichtum aus sowie durch eine Respektlosigkeit gegenüber dem klassizistischen Kunstideal, wie es etwa bei seinem Freund Alexander Pope verwirklicht ist. In diesem Zusammenhang ist seine Ekloge auf das Stadtleben zu nennen, *Trivia, or the Art of Walking the Streets of London* (1716) und besonders die 1727 und postum 1738 veröffentlichten *Fables*.

Rudyard Kipling (1865–1936), geboren in Bombay, in England erzogen, kehrte nach Abschluß der Schule nach Indien zurück, wo er zunächst als Journalist arbeitete. 1888 erschienen seine ersten Bände mit Kurzgeschichten, u. a. *Plain Tales from the Hills*. Die Kurzgeschichte blieb auch später Kiplings bevorzugte Form. Dauerhaften Erfolg hatte er – gerade auch bei jugendlichen Lesern – mit *The Jungle Book* (1894; dt. *Das*

Dschungelbuch, dtv-Band 79001), mit der Erzählung *Kim* (1901) und *Just So Stories* (1902; dt. *Das kommt davon,* dtv-Band 7437). Auch als Balladendichter sind Kipling einige bemerkenswerte, von Umgangssprache und den Rhythmen populärer Straßenlieder gekennzeichnete Werke gelungen (*Barrack-Room Ballads,* 1892). Kipling war ein überzeugter Anhänger des britischen Imperialismus, was ihm später viel Kritik eintrug.

William Saroyan (1908–1981), als Kind armenischer Einwanderer in Kalifornien geboren, im Waisenhaus aufgewachsen, mußte seit seinem zwölften Lebensjahr seinen Unterhalt selbst verdienen. 1934 veröffentlichte er seine ersten Kurzgeschichten und den Roman *The Daring Young Man on the Flying Trapeze,* der auch heute noch als sein bester gilt. In der Folge schrieb er zahlreiche weitere Romane, Kurzgeschichten, Theaterstücke und autobiographische Bücher, darunter *My Name is Aram* (1940) und *The Human Comedy* (1942). Die Figuren seiner Geschichten und Romane, sensible Einzelgänger, die sich in der Massengesellschaft nicht zurechtfinden, gehören oft den ethnischen und sozialen Randgruppen an, für die er großes, häufig sentimental gestimmtes Verständnis zeigt.

Robert Louis Stevenson (1850–1894) wehrte sich als junger Mann heftig gegen den Wunsch seiner Familie, er solle Leuchtturm-Ingenieur werden wie seine Vorfahren. Statt dessen wurde er Rechtsanwalt in Edinburgh, wandte sich aber früh dem Schreiben zu. 1878 veröffentlichte er einen Reisebericht *(An Inland Voyage),* ihm folgten Kurzgeschichten (*New Arabian Nights,* 1882) und dann 1883 die Abenteuererzählung *Treasure Island,* die ihn in kurzer Zeit berühmt machte. 1886 erschien die nicht minder bekannte, klassisch gewordene Erzählung *The Strange Case of Dr. Jekyll and Mr. Hyde* (dt. *Der seltsame Fall des Dr. Jekyll und Mr. Hyde,* dtv-Band 9200), die psychologische Studie einer Persönlichkeitsspaltung. In den folgenden Jahren schrieb Stevenson noch zahlreiche weitere Romane, Erzählungen, Dramen, Essays und Gedichte, darun-

ter *Kidnapped* (1886), *The Black Arrow* (1888) und *Weir of Hermiston* (1896). Ein Lungenleiden veranlaßte ihn, sich auf Samoa in der Südsee niederzulassen, wo er bis zu seinem frühen Tod im Alter von 44 Jahren blieb. Dort entstanden unter anderem die *Island Nights' Entertainments* (1893), Erzählungen, in die manche Südseemythen eingegangen sind. Ein bekanntes Beispiel ist die Geschichte *The Bottle Imp*.

JONATHAN SWIFT (1667–1745) darf als der größte Ironiker und Satiriker der englischen Literatur gelten. Man hat ihm oft vorgeworfen, ein Zyniker und Menschenfeind zu sein. In der Tat zeigt er in seinen Schriften immer wieder mit schonungsloser Deutlichkeit, wie sich hinter wohlklingenden Reden und eindrucksvollem Gehabe menschliche Dummheit, Unmoral und Grausamkeit verbergen. Swift, der englischer Abstammung war, wurde in Dublin geboren, wo er studierte und, nach zahlreichen Aufenthalten in England, seit 1714 lebte und auch starb. Er war anglikanischer Priester, zuletzt Dekan der St. Patricks-Kathedrale in Dublin. Der erhoffte Aufstieg in höhere Kirchenämter blieb ihm jedoch verwehrt, wobei seine kritische Haltung gegenüber dem Klerus, die in Satiren wie *A Tale of a Tub* (1704) zum Ausdruck kommt, sicherlich eine Rolle spielte. Als Parteigänger der Tories nahm Swift lebhaften Anteil an den politischen Auseinandersetzungen seiner Zeit. Streitschriften wie *The Conduct of the Allies* (1713), die *Drapier's Letters* (1724–25), *A Modest Proposal* (1729) und natürlich der 1726 erschienene satirische Roman *Gulliver's Travels* (siehe dtv-Band 9197), sein bekanntestes Buch, belegen das.

JAMES THURBER (1894–1961) wuchs in Columbus, Ohio, in einer exzentrischen Familie auf, deren Mitglieder er in einigen seiner schönsten Essays porträtiert hat. Er arbeitete als Journalist in Columbus, Paris und New York, bevor er in die Redaktion der Zeitschrift *The New Yorker* eintrat, in der er fortan die meisten seiner Essays, Kurzgeschichten und Zeichnungen veröffentlichte. Thurbers unverwechselbarer Humor wird von einem Sinn für stilistische Eleganz und für Ausgewogenheit der Form getragen. Stets ist das moralische Engagement spür-

bar, mit dem er die harmlosen Spinner und naiven Träumer gegen eine immer absurder werdende Welt der Massenmedien und Massenhysterie in Schutz nimmt. Ein gutes Beispiel dafür ist seine Geschichte *The Secret Life of Walter Mitty*. Zu Thurbers Buchveröffentlichungen gehören *Is Sex Necessary?* (1928), *The Owl in the Attic and Other Perplexities* (1938), *Fables for Our Time* (1940) und *Men, Women, and Dogs* (1943).

MARK TWAIN, eigentlich Samuel Langhorne Clemens (1835–1910), geboren in Florida, brach mit 12 Jahren den Besuch der Schule ab und übte verschiedene Tätigkeiten aus: er war Setzerlehrling, Drucker, Lotse auf dem Mississippi, Soldat im Sezessionskrieg, Silberwäscher und Journalist. In *Roughing It* von 1872 (dt. *Durch dick und dünn*, dtv-Band 2102) und *Life on the Mississippi* (1883) schildert er seine frühen Jahre anschaulich und humorvoll. Er unternahm ausgedehnte Reisen, über die er u. a. in *Innocents Abroad* (1869) und *A Tramp Abroad* (1880) berichtete. Großen Erfolg hatte Mark Twain mit seinen humoristischen, im Ton volkstümlichen Kurzgeschichten (dtv-Bände 9035 und 10492) und Erzählungen wie *The Prince and the Pauper* (dt. *Prinz und Bettelknabe*, dtv-Band 7167), ferner mit der Burleske *A Connecticut Yankee in King Arthur's Court* (1889; dt. *Ein Yankee aus Connecticut an König Artus' Hof*, dtv-Band 10493) und ganz besonders mit *The Adventures of Tom Sawyer* (1876) und *The Adventures of Huckleberry Finn* (1884), die als Lausbubengeschichten schon bei jungen Lesern sehr beliebt sind. Sie sind aber auch mehr als das, insofern sie an die Form des Schelmenromans anknüpfen und ein Epos des alten Amerika, wie es vor dem Bürgerkrieg war, darstellen.